職業の経済学

阿部正浩 + 菅 万理 + 勇上和史 編著

中央経済社

まえがき

　私たちが便利で豊かな生活を送れるようになったのは，さまざまな技術革新のおかげだと言ってもよいでしょう。活字と印刷技術，羅針盤，蒸気機関，発電機と電灯や電話など，さまざまな機械が実用化されて私たちの生活は大きく変わりました。その一方で，例えば自動車が利用されるようになると，それまで馬車を走らせていた御者という仕事は消えていきました。

　現代の技術革新で大きな話題となっているのは，進歩著しい人工知能（AI）やロボットです。最近になって，将棋や囲碁の世界でプロを打ち負かす人工知能が登場したとニュースにもなりました。このまま技術革新が続いていけば，人工知能やロボットが人間の代わりに働いてくれる時代が本当にやってくるかもしれません。これまで『ドラえもん』や映画『スター・ウォーズ』に出てくるロボットたちは漫画やSFの世界のものでしたが，それが現実となる日が近々やってくるかもしれないのです。

　技術革新だけにとどまらず，人口構造や人々の嗜好の変化，経済のグローバル化など，これまで私たちの社会はさまざまな変化を経験してきました。それらの変化の中で社会的なニーズを失ったり，代替が登場することで消滅してしまった職業もあれば，想像もしなかった新しいニーズとともに新たな職業が生まれることもありました。コンピュータに関連する職業はコンピュータがない時代には存在しなかったのですから。職業は時代背景を写し，生き物のように変化してきたのです。その程度についてはさまざまに予想されていますが，人工知能やロボットの登場が何らかの影響を職業にもたらすことは確実でしょう。

　21世紀に入ってから，経済活動はグローバル化し，技術革新のスピードもますます速くなっています。私たちが生きていくうえで，自分の適性に合った職業を選び取り，その職業に応じたスキルを蓄積していくことは大変重要なことではありますが，それと同時に，激動する社会の中で職業へのニーズ（需

要）を正しく読み取っていくことは，これから続く長い職業生活にとってまさに死活問題とも言えるでしょう。

　この本は，「労働経済学」や「労務管理論」の入門書として教科書や副読本，あるいは独学書として活用することを第一の目的としています。高度経済成長期から現在までの産業の盛衰，それに伴う労働に対する需要と供給の変化のメカニズムを明らかにしながら，各産業の代表的な職業について，その職業の業務は何か，どのようなスキルが必要とされるのか，職業ごとの賃金はどう決まるのか，職業の未来はどうなるのか，などを，さまざまなデータを参考に学んでいきます。
　また，この本は，キャリア教育，あるいは就職活動のための予備資料としても活用していただけると考えています。実際に就職活動に入ると，まずはある「業界」の「会社員」になることを意識するため，具体的な「職業」をイメージすることは少ないかもしれません。そこで，第1章では，一般的な会社員の仕事を取り上げています。しかし，いざ入社すると，みなさんはそれぞれの産業・会社で部署に振り分けられ，そこでの業務を担っていくことになります。そのような経験を経てやがて「自分の職業」を身につけていくのです。第2章以下はそれぞれの「業界」に対応する代表的な職業群を取り上げて，その特徴に迫ります。第2章はものづくりの仕事（製造業），第3章は人やものを運ぶ仕事（運輸業），第4章はものやサービスをつなぐ仕事（情報通信・金融業），第5章はものを売る仕事（小売業），第6章は人をもてなす仕事（サービス業），第7章は教え育てる仕事（教育），第8章は人の健康・生活を支える仕事（医療・福祉），第9章は公に仕える仕事（公務）です。業界とは言えませんが，第10章では，近年のボランティア活動の高まりを背景に，経済活動の中で存在感を増している社会に貢献する仕事（NPO）を取り上げています。
　また，プロローグでは日本の産業構造の変化の中で職業がどう変化してきたか，それぞれの職業に要する技能やキャリア形成はどう行われてきたかを概観し，エピローグでは，技術革新の職業構造への影響を最も受けた職業群について検証し，今後の職業構造はどう変わるか，その変化の方向性を提示します。

近年，景気が回復することで新卒就職状況は改善し，特定の産業においては人手不足さえ起きているような状況です。しかし，労働者への需要はまんべんなく生じているのではなく，特定の業務やスキルに集中して起きています。皆さんが基本的な労働経済学を活用し，自分に合った職業へのスタートラインに着くこと，あるいは，すでに就いた職業で，より競争力のあるスキルを身につけていくことにこの本がお役に立つことを筆者一同願ってやみません。

2017年8月

編著者

目 次

まえがき／1
用語解説／12

プロローグ 「職業」を経済学で考える —— 17

1 職業への視点／17
2 職業構造からみた戦後の日本経済の変化／18
3 職業の知識・技能とその形成／20
4 本書のねらいと構成／23

コラム① 職業と職業分類／25

第1章 会社の中の仕事
——「会社員」の仕事とキャリア —— 27

1 「会社員」の増加と仕事／28
1.1 雇用者の増加／28
1.2 会社の中での仕事（職種）／30
2 仕事の入口とキャリアの形成／31
2.1 採用／31
2.2 最初の仕事／32
2.3 総合職と一般職／33
3 会社の中での仕事の変化／35

3.1 異動／36
3.2 管理職／36
3.3 専門職／37
4 賃金／38
4.1 給与の内訳／38
4.2 人事評価／39
4.3 賃金プロファイル／40
4.4 経済学の理論／41
5 「会社員」の将来／43

コラム②　賃金を比較するときに気をつけること／44

第2章　ものを作る仕事
——製造業で活躍する人たち──── 47

1 ものを作る仕事の特徴／48
1.1 製造業とは／48
1.2 製造業の魅力／48
1.3 製造業の重要性／50
2 ものを作る仕事のケース：製造業A社／52
2.1 A社の概要／52
2.2 A社における「ものを作る」仕事の概要／52
3 人材育成の理念と人材教育制度／53
3.1 A社の人事理念と人材教育制度の枠組み／53
3.2 A社の人材育成研修の概要／54
4 製造部門の社員の仕事内容と人材育成／56
4.1 製品組立職の仕事の概要／56
4.2 製品組立職の若手社員の人材育成の概要／56

- 5 研究・開発職および総務・人事・労務職の仕事内容と人材育成／58
  - 5.1 研究・開発職および総務・人事・労務職の新入社員研修の概要／58
  - 5.2 研究・開発職の仕事の概要／60
  - 5.3 総務・人事・労務職の仕事の概要／61
- 6 処遇制度／63
  - 6.1 A 社の処遇制度の概要／63
  - 6.2 A 社の処遇制度に関する今後の課題／65

コラム③　聞き取り調査のポイント／66

第3章　ひとやものを運ぶ仕事
── 運輸サービスで活躍する人たち ─────── 69

- 1 ひとやものを運ぶ仕事の特徴／70
  - 1.1 公共交通機関の規制緩和／70
  - 1.2 公共交通機関を支える労働者／71
- 2 運転士の仕事／73
  - 2.1 バスの運転手／73
  - 2.2 鉄道の運転士／74
  - 2.3 航空機の操縦士／75
- 3 運転士の賃金プロファイル／75
- 4 運転士のキャリア形成／77
  - 4.1 運転士のキャリア形成／77
  - 4.2 運転士になった後の訓練／79
  - 4.3 運転士のキャリアパス／81
- 5 キャリアと賃金プロファイルの関係／82
- 6 むすびに／83

第4章 ものやサービスをつなぐ仕事
――情報通信技術で活躍する人たち ―― 85

- **1 ものやサービスをつなぐ仕事の特徴／86**
  - 1.1 技術革新の進展／86
  - 1.2 ものやサービスをつなぐ職業／87
- **2 IT技術者と労働市場／89**
  - 2.1 賃金と就業者数／89
  - 2.2 雇用と賃金の決まり方／91
- **3 情報通信技術化が金融業・保険業に与えた影響／95**
  - 3.1 金融業・保険業と情報通信技術化／95
  - 3.2 スキル偏向的技術進歩／96
  - 3.3 情報通信技術化と雇用／97
- **4 情報通信技術化と雇用の未来／100**

第5章 ものを売る仕事
――デパート，スーパー，コンビニで活躍する人たち ―― 103

- **1 小売業の特徴／104**
- **2 小売業に携わる人／105**
- **3 販売店員の仕事／108**
  - 3.1 百貨店・専門店の販売店員の仕事／108
  - 3.2 スーパーの販売店員の仕事／109
  - 3.3 コンビニの販売店員の仕事／110
- **4 販売店員のキャリア形成／111**
  - 4.1 販売店員の雇用形態の変化／112
  - 4.2 販売店員の初期キャリア形成／113
  - 4.3 パート・契約社員のキャリアパス／114
  - 4.4 正社員のキャリアパス／116

5　販売店員の賃金プロファイル／117
　　6　むすびに／118

第6章　人をもてなす仕事
——ホテルやレストランで活躍する人たち——119

　　1　人をもてなす仕事の特徴／120
　　　1.1　サービス経済化／120
　　　1.2　人をもてなす仕事の特性／121
　　　1.3　女性が活躍するサービス業／123
　　2　レストランやホテルで活躍する仕事／124
　　　2.1　調理師の仕事／124
　　　2.2　ホテリエの仕事／125
　　3　飲食業・宿泊業で働く人の処遇と勤続年数／126
　　　3.1　宿泊業，飲食サービス業の賃金プロファイル／126
　　　3.2　休日，夜間の勤務が多いサービス業／127
　　4　人をもてなす仕事のキャリア形成／129
　　　4.1　調理師のキャリア形成／129
　　　4.2　ホテリエのキャリア形成／130
　　5　宿泊業，飲食サービス業の賃金と労働時間の関係／133
　　6　おもてなしの仕事の将来／134

コラム④　日本の酒造業にみる働き方の変容—「出稼ぎ」から「正社員」へ／136

第7章　教え育てる仕事
——学校で活躍する人たち——139

　　1　はじめに／140
　　2　統計による実態把握／140

- 2.1 教員市場の規模／140
- 2.2 教師生徒比率，女性比率，兼務比率／141
- 2.3 年齢構成，入離職／142

3 教員の労働市場／144
- 3.1 教員需要を決める要因／146
- 3.2 教員供給を決める要因／148

4 学校教員の待遇／151
- 4.1 労働時間／151
- 4.2 賃金／153
- 4.3 雇用形態／154

5 教員市場を考える視座／155

第8章 人の健康・生活を支える仕事
―― 介護の現場で活躍する人たち ―― 157

1 医療・福祉の仕事の特徴／158
- 1.1 公定価格・公的保険の存在／158
- 1.2 個人の生命・生活に直接関わる仕事／160
- 1.3 資格に基づく仕事／161
- 1.4 背景としての技術革新と超高齢社会／161

2 介護支援専門員（ケアマネジャー），介護職員，訪問介護員（ホームヘルパー）の仕事／163
- 2.1 介護サービス需要の中身と求められる労働力／163
- 2.2 雇用者は社会福祉法人・株式会社・NPO法人／165
- 2.3 専門職かサービス職か／167

3 介護職の賃金，入職・離職／167
- 3.1 介護職の離職率／168
- 3.2 介護従事者の採用／168
- 3.3 男女別介護サービス従事者の賃金プロファイル／169

3.4 介護職のキャリア形成／171
4 介護関係職の未来／172
4.1 雇用創出産業としての医療・福祉／173
4.2 AI（人工知能）・介護ロボットの活用／174

コラム⑤ 待機児童問題と保育園・幼稚園の壁／177

第9章 公の仕事
——中央官庁や地方公共団体で活躍する人たち——179

1 公共の仕事の特徴と公務員／180
1.1 公共部門の性質／180
1.2 公務員の範囲と行政改革／181
1.3 公務員の種類と推移／181
2 一般行政職の仕事／184
2.1 国の一般行政職／184
2.2 地方公共団体の一般行政職／185
3 公務員のキャリア形成／186
3.1 採用時の競争試験制度／186
3.2 採用後のキャリア形成／189
4 公務員の賃金／194
4.1 一般行政職の賃金水準／194
4.2 一般行政職の賃金構造／196
5 公務員の役割と展望／198

第10章 非営利組織の仕事
——社会貢献や社会問題の解決を目指す人たち——201

1 NPOとは何か／202

1.1　NPO（Non-Profit Organization：非営利組織）の定義／202
  1.2　国際比較からみる日本の NPO の規模／203
  1.3　NPO 法人の労働市場規模／204
 2　**NPO で働く人々：ボランティアと有給職員**／206
  2.1　ボランティアの定義／207
  2.2　有償ボランティアと労働者性／208
  2.3　有給職員と NPO 起業家／209
 3　**NPO の仕事と賃金**／211
  3.1　NPO の仕事／211
  3.2　有給職員の賃金／214
 4　**NPO で人生のキャリアを培う**／217
  4.1　NPO で働く人に求められる資質／217
  4.2　デュアルキャリア／218

エピローグ　これからの職業構造はどう変わる——AI・ロボット・少子高齢化——　223

 1　**技術と仕事で必要とされる知識や技能の関係**／223
 2　**農林漁業作業者の技術革新による影響**／224
 3　**職業構造の変化に影響する要因**／227
  3.1　財やサービスの需要の影響／228
  3.2　資本と労働の相対コストの影響／228
  3.3　生産技術の影響／229
  3.4　生産技術の需要喚起による効果／230
 4　**これからの職業構造はどう変わる**／231

索　引／233

本文中に登場する重要な用語や専門用語，各種調査について解説しています。カッコ内の章の表示は，その用語が登場する章を表しています。

▶**賃金プロファイル**（各章）　年齢あるいは勤続年数と賃金との関係を表すもので，横軸に年齢や勤務年数を縦軸に賃金をとりグラフ上に表した場合の形状を指します。日本の企業や組織でよく見られる右上がりの賃金プロファイルは，年齢とともに労働者の生産性が上昇するため，あるいは，賃金を後払いにすることで労働者の定着を促すためなどと解釈されています。

▶**内部労働市場**（第1章，第2章，第6章）　企業内に独自の労働市場があるとする考え方。配置転換，教育訓練，昇進，昇給などを通じて組織内にも労働力の配分機能と価格付け機能が存在すると考える企業内の労働力分配の仕組みのことです。これに対し，企業外，企業間の競争的な労働力移動の場を外部労働市場といいます。

▶**ブルーカラー／ホワイトカラー**（プロローグ，第1章，第3章）　ブルーカラーとは，鉱業，建設業，製造業などで生産工程や労務作業に従事する現業職を指します。それに対して，ホワイトカラーとは，企業や組織において管理や事務，販売，サービスなどを担う非現業職をいいます。

▶**ジョブ・ローテーション**（第6章，第7章，第9章）　企業が従業員の能力開発を目的として，計画的に行う人事異動のこと。人事や営業といった部門内部あるいは部門を超えた人事異動により，さまざまな職務を経験させることで，従業員の能力開発や人的ネットワークの形成を促すとともに，従業員の適性を発見する効果もあります。一方で，専門的な知識や能力が形成されにくくなる点も指摘されています。

▶**人的資本理論**（第1章，第3章）　経済学では，生産に必要な機械設備等の物的資本に対して，労働者が身につけた知識や技能も生産に有用な資本とみなして人的資本と呼びます。教育や訓練は人的資本を増加させる投資であり，この投資を通じて生産性が高まった労働者は，より高い賃金を受け取ることができるようになります。このように人的資本の概念に基づいて労働者

や企業の行動を説明する考え方を人的資本理論と呼びます。

▶**OJT／Off-JT**（第2章，第5章）
OJT (On-the-Job Training) とは，「仕事に就きながらの訓練」とも呼ばれ，実際の仕事をしながら先輩などからの直接指導を受け，仕事に必要な知識や技能を身につけることをいいます。これに対して，Off-JT (Off-the-Job Training) とは，「仕事を離れた訓練」あるいは「職場外訓練」などと呼ばれます。これには，主に座学による新入社員研修や階層別研修などがあり，さらに，会社が従業員を国内外の大学院に派遣するようなケースもあり多様です。

▶**キャリア／キャリア・パス**（第3章，第5章，第8章）／**キャリア形成**（プロローグ，第1章，第2章，第3章，第5章，第6章，第8章，第9章）
キャリアとは，狭義には企業内における異動や職務経験を意味し，広義には生涯を通じた仕事や職歴を意味する場合もあります。キャリア・パスとは，企業の人材育成における職務経験とその順序，異動や昇進のルートのことをいいます。キャリア形成とは，さまざまな職務経験の連鎖を通して職業能力を形成していくことです。

▶**所得効果／代替効果**（第4章） 所得効果とは，労働者の意思決定において，実質的な所得の変化が財やサービスの消費に与える効果です。通常，労働者の実質的な所得の上昇は，余暇時間を増やし，労働時間を減らします。代替効果とは，労働者や企業の意思決定において，財やサービスの価格の変化がその消費や需要の組み合わせに与える効果です。例えば，労働サービスの価格である賃金が上昇すると，長期的には，企業は労働サービスの需要を減らして機械設備などの資本の需要を増やします。

▶**規模効果**（第4章） 規模効果とは，企業の意思決定において，労働サービスや資本の価格の変化が，最適な生産量を変化させることを通じて，企業の労働サービスや資本の需要の組み合わせに与える効果です。例えば，労働サービスの価格である賃金が低下すると，追加的な生産にかかる費用が低下するため，企業は生産量を拡大し，労働サービスの需要も増加します。

▶**情報の非対称性**（第6章，第8章）
市場取引において買い手と売り手の当事者同士が保有する情報に格差がある状態のこと。通常売り手は商品について品質等の詳しい情報を持っていますが，買い手は詳しくは知らない状態のことを指します。情報の非対称性が

あるとき，その市場では取引が円滑に進まず，さまざまな問題が発生する場合があります。

▶**付加価値**（第6章，第10章） 企業などの生産者が生産活動を行った結果，新たに生み出された価値のこと。経済指標の国内総生産（GDP）は，国内で1年間に生み出された付加価値の総額です。製造業でいうと，企業が購入した原材料に企業が活動することによって付け加えられた価値のことです。付加価値の計算方法としては，総生産額から原材料費等の外部から買った価値を引いて求める控除法と，人件費などの付加価値の構成要素を集計して求める加算法があります。

▶**所定内給与／超過労働給与／きまって支給する現金給与**（第1章，第3章，第4章，第7章，第8章） いずれも「賃金構造基本統計調査」における給与の定義です。このうち，所定内給与とは，企業等の就業規則などで定められている支給条件や算定方法によって調査月に支払われた給与であり，基本給のほか，職務手当，精皆勤手当，通勤手当，家族手当などが含まれます。超過労働給与は，就業規則などで定められた所定労働日や所定労働時間以外に労働した場合に支払われた給与であり，時間外勤務手当，深夜勤務手当，休日出勤手当などが含まれます。きまって支給する現金給与は，所定内給与と超過労働給与の合計です。

▶**給与月額**（第7章，第9章） 国家公務員および地方公務員の給与に関する定義。月あたりの正規の勤務時間中の勤務に対する基本給（国家では俸給，地方では給料月額）に，月ごとに支払われる扶養手当，地域手当，住居手当などの諸手当を合計したものです。ただし，公表されている地方の平均給与月額には時間外勤務手当等が含まれているため，国との比較には注意が必要です。

[各種調査]

▶**賃金構造基本統計調査＜厚生労働省＞**（第1章，第3章，第4章，第5章，第6章，第7章，第8章，第10章）
　賃金を知るために最も基本となる調査です。主要産業において雇用されている労働者の賃金の実態を，労働者の雇用形態，就業形態，職種，性，年齢，学歴，勤続年数，経験年数別等に把握したものです。調査年6月分の賃金等（賞与，期末手当等特別給与額については調査前年1年間）について，同年7月に調査が行われます。

▶**国勢調査＜総務省＞**（各章） 日本の人口や世帯の実態を把握するため，西暦の末尾に0と5がつく年に行われる調査です。調査対象は日本に住むすべての人です（悉皆調査）。人々の就

業状態や仕事の種類や就業形態などについて最も詳細に調査していますが，年毎や月毎の就業状況の変化はわかりません。年毎や月毎の変化を見る場合には労働力調査が利用可能です。

▶**就業構造基本調査＜総務省＞**（第5章，第7章）　就業，不就業の実態と就業に関する意識などを全国・地域別，産業別などにあきらかにすることがねらいです。労働力調査では特定の期間の事実によって就業状態を把握するのに対して，就業構造基本調査ではふだん仕事をしているかどうかで就業，不就業を把握します。就業希望の強さや労働力の流れを細かくつかむことができます。調査は原則として5年ごとに10月1日時点で調査が行われます。

▶**雇用動向調査＜厚生労働省＞**（第8章）　主要産業の労働移動や未充足求人状況などが調査され，労働力の産業，規模，職業および地域間の移動を把握することができます。事業所における入職者，離職者の属性や入職，離職の理由もわかります。上半期（1月～6月），下半期（7月～12月）に分けて年2回行われます。

▶**社会生活基本調査＜総務省＞**（第6章，第7章）　生活時間の配分や余暇時間における主な活動の状況などをみる調査です。1日の生活時間配分と過去1年間の主な活動状況などが調査され，仕事・働き方，家庭生活，地域・社会活動，学習や趣味娯楽等，健康・休養について把握することができます。5年に一度調査が行われ，対象は労働者に限らず10歳以上の者です。

プロローグ 「職業」を経済学で考える

1　職業への視点

　一体，今の世の中にどのような職業があり，それはどのような原理によって変化するのか。

　『吾輩は猫である』『坊つちゃん』などを書いた文豪夏目漱石は，1911年（明治44年）に行った「職業と道楽」と題する講演の中で，このような問いを挙げたうえで，職業が細分化され複雑化する時代を生きる当時の若者にとって，職業の分化・発展の意味，区域や盛衰を，学問的に理解することの重要性を説きました。

　それから100年余りを経て，人々が従事する職業の種類や性質は大きく変化しました。同時に，農業をはじめとする自営の家業中心から，働く人々の多くが企業や組織に雇われる雇用者の時代になりました。職業が企業や組織の内部に閉じ込められて，その中身や変化はますますイメージしにくくなる中で，100年前の漱石の言葉は重みを増しています。職業の特色やその変化の原理に関心を持ち，自分なりに考えることで，変化が早い時代にあって，変わるものと変わらないものを見通すことができるでしょう。

　本書では，人々が報酬を得る目的として行う仕事を「職業」と呼び，性質の似かよった仕事の分類方法である「日本標準職業分類」（コラム①参照）に従いつつ，各職業の特色と変化の原理を考察します。

　この職業分類はあまり一般の人々に知られていませんが，実はとても有用なものなのです。それは，世の中にどのような職業が存在するのかを理解するためだけではなく，仕事内容が類似した職業に共通する動きや特徴を把握する際に役立ちます。以下では，本書をスムーズに理解できるよう，最も大まかな職業大分類を手がかりに，日本で働く人々の職業を，①戦後の職業構造の変化と，②職業に必要な知識や技能の習得という2つの視点から概観します。

2　職業構造からみた戦後の日本経済の変化

　日本で働く人々の職業の構造はどのように変化し，その背後にはどのような要因があるのでしょうか。**図表1**は，「国勢調査」に基づき，戦後から近年までの就業者に占める各職業の従事者の割合の推移を示しています（ただし，直近の調査は職業分類の定義が変更されたため，それ以前とは直接比較できません）。

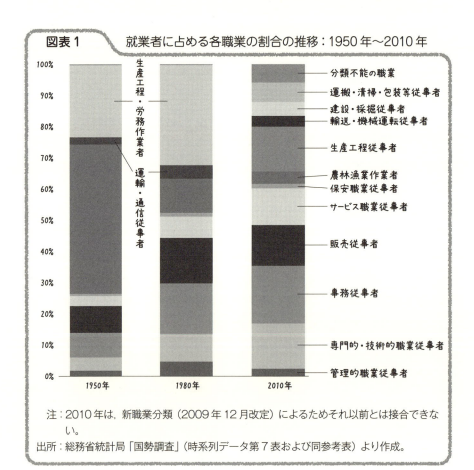

図表1　就業者に占める各職業の割合の推移：1950年〜2010年

注：2010年は，新職業分類（2009年12月改定）によるためそれ以前とは接合できない。
出所：総務省統計局「国勢調査」（時系列データ第7表および同参考表）より作成。

職業の盛衰は，日本の産業構造の変化と密接に関わっています（**図表2**）。今から60年以上前の1950年には，日本で働く人々のおよそ半数（48%）が自営中心の「農林漁業従事者」でした。その後の高度経済成長期や安定成長期には，日本経済を牽引した製造業や建設業などに従事する「生産工程・労務作業者」が増加し，1980年のピーク時には就業者のおよそ3人に1人（32%）を占めるまでに至りました。同時に，主に国内の需要に対応する医療・福祉や教育，宿泊・飲食といったサービス業に従事する「専門的・技術的職業」や，「サービス職」，「販売職」に従事する人々が増加してきました。特に，バブル経済が崩壊し，日本経済が低迷した1990年代以降は，「生産工程・労務作業者」が人数やシェアを減らす一方で，医療・福祉や情報通信業などに従事する「専門・技術的職業従事者」が増加しており，「就業構造のサービス化」が進行しています。

　こうした戦後の産業や職業構造の変化は，程度の差はあれアメリカやヨーロッパの先進諸国にも共通した傾向です。その背景には，国民所得の上昇や生産における技術進歩により，農産物からモノ（財），そしてサービスへと消費構造や産業構造が変化したことがあります。また，各国経済の相互依存関係が深まるにつれて，製造業を中心に企業の生産や市場競争の範囲が地球規模に拡

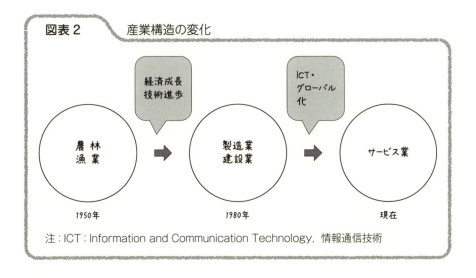

図表2　産業構造の変化

注：ICT：Information and Communication Technology，情報通信技術

大(グローバル化)したことが,国内の産業や職業に影響を及ぼしてきました。

近年では,科学技術の急速な進歩が,職業に大きな変化をもたらしたことが明らかにされています。なかでも,1980年代から現在まで続く情報通信技術の進歩は,繰り返しの作業やマニュアル化が可能な定型的な作業をロボットやコンピュータに置き換えつつ,調査研究や教育,経営・管理,企画,営業といった職業における知識集約的で定型化が難しい作業への需要を高めています(阿部[2005],池永[2009])。同時に,こうした高度な知識を持ち,賃金も高い労働者の増大が,さまざまな個人向けのサービスとそれを提供する職業への需要を高める要因となっています(池永[2011])。さらに,少子高齢化が急速に進む日本では,医療・福祉をはじめとするサービス産業とその職業への需要を高めています。

このように,マクロ(巨視的)の社会経済環境の変化は,1つひとつの職業が生み出す財やサービスと,その担い手に対する需要を変化させます。同時にそれは,職業に就く人々の行動,つまり供給行動にも影響を及ぼしています。経済学では,ある労働サービスに対する需要と供給が,企業や組織の内外における労働サービスの取引量と賃金を決定づけると考えます。職業の来し方行く末を考えるには,それぞれの職業をめぐる(企業内外の)需要と供給のメカニズムを明らかにする必要があります。

3 職業の知識・技能とその形成

時代を通じた職業構造の変化は,これまで働いていた人々や新たに働きに出る人々が,新たな職業の担い手となってきたことを物語ります。もちろん,それぞれの職業の能力は,一朝一夕に身につくものではありません。職業とはそれぞれの仕事に特有の性質によって特徴づけられており,その遂行に必要な知識や技能も職業によって異なります。

職業の基盤となる知識や技能は,学校教育などの教育訓練機関における学習を通じて習得されます。そのため,開発,設計や経営・管理,企画,営業といった知識を多く使うような職業の増加は,大学などの高等教育への進学者の

急増と表裏一体の関係にあります。文部科学省「学校基本調査」によれば，短大および大学への進学率は，高度経済成長期が始まる1954年ではわずか10%に過ぎませんでしたが，1970年代に25%，2005年には50%を超え，今や若者の半分以上が高等教育を受ける時代になりました。大卒者の就職先の職業は，教員や技術者を初めとする専門的・技術的職業や事務職といったいわゆる「ホワイトカラー」の職業が，時代を問わず65%〜70%を占めています。高学歴化した若者が，急増するホワイトカラーの供給源となってきたことがわかります。

　ですが，一般に，高度な仕事であればあるほど，技能の習得には時間がかかります。しかも，高度な仕事を進めるうえで肝となるのは，言葉で説明したり，教科書やマニュアルなどでは明示したりしにくい，「暗黙の」または「アナログの」知識や技能です。その習得には，学校教育終了後の実際の経験，すなわち「キャリア」の形成が肝要です。

　経済学では，労働者が身につけた知識や技能が企業への貢献の価値を決め，それが賃金を決めると考えます。そこで，職業大分類別の年齢と賃金の関係（賃金プロファイル）から，年齢による知識や技能の変化をみてみましょう。

　図表3は，企業や官公庁などの組織に雇われている雇用者について，年齢別の平均賃金（本業の年間所得）をみたものです。専門的・技術的職業や事務職といった「ホワイトカラー」のみならず，建設や輸送・機械運転職，生産工程職などの「ブルーカラー」の仕事でも，就業経験の浅い年齢層から50歳代にかけて賃金が上昇する傾向があります。他方，農林漁業や運搬・清掃・包装等の仕事，そしてサービス職業従事者といった平均賃金の低い仕事では，30歳代で賃金が頭打ちとなる傾向がみられます。多くの職業で年齢とともに賃金が上昇することは，学校教育終了後も，長く知識や技能の習得が続くことを示しています。

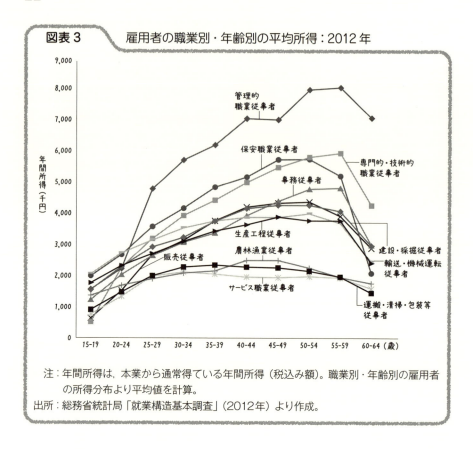

図表3 雇用者の職業別・年齢別の平均所得：2012年

注：年間所得は，本業から通常得ている年間所得（税込み額）。職業別・年齢別の雇用者の所得分布より平均値を計算。
出所：総務省統計局「就業構造基本調査」（2012年）より作成。

　では，働く人々は，どこでどのように技能を習得するのでしょうか。**図表4**は，現在の勤め先に何年働き続けているかについて，年齢別の平均値をみたものです。ここから，年齢とともに賃金が大きく上昇する職業では，概ね勤続年数も上昇する一方，年齢を重ねても賃金がさほど伸びない職業では，そのような傾向が弱いことがわかります。つまり，賃金と技能の上昇の背後に企業内の長期勤続傾向が確認できます。このことは，企業内部でのキャリアの形成を通じて，高度な技能の習得が図られていることを示唆します。

　経済学では，労働者が身につけた知識や技能を「人的資本」と呼びます。学校教育や就職後のキャリア形成は，人的資本の価値を高める投資行動であり，多くの職業で，企業内部での人的資本投資が重要であることが示唆されます。

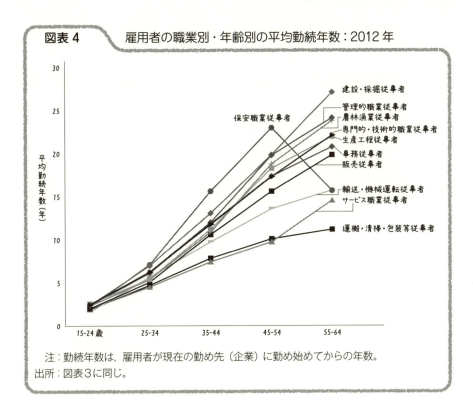

図表4 雇用者の職業別・年齢別の平均勤続年数：2012年

注：勤続年数は，雇用者が現在の勤め先（企業）に勤め始めてからの年数。
出所：図表3に同じ。

4　本書のねらいと構成

　以上，本書が依拠する職業の概念と分類方法，職業を取り巻く環境変化とその特徴をみました。職業の盛衰は，日本の経済活動と密接に関わるとともに，そこには，経済成長やグローバル化，技術進歩ならびに人口構造といった戦後の経済環境の変化の影響があります。つまり，いま現在よく知られていたり，人気のある職業でも，将来減少したり，別の職業に置き換わる可能性もあるのです。一方で，多くの職業には，企業内部で勤続を重ねて知識や技能を習得する傾向が観察され，組織内部でのキャリア形成のあり方が賃金などの処遇の鍵となることが示唆されます。

本書では，第1章で企業内のさまざまな仕事を取り上げて，採用や配置，訓練，賃金決定といった，人材の配分や賃金決定の仕組みを概観します。もちろん，さまざまな職業は，一方で共通の特徴を持ちつつ，他方で職業固有の変化の要因や技能の形成方法も存在します。また，同じ職業でも，どのような財やサービスを生み出すかによって，必要とされる技能の性質は異なると考えられます（久本［1999］）。そこで，第2章から第9章では，製造業や運輸業，情報通信や金融業，小売業，サービス業，教育，医療・福祉，公務といった産業に分けて，そのうちの代表的な職業について，人材の配分や賃金の特徴，求められる技能の内実や形成方法を考察します。以上の金銭的な報酬を目的とした「職業」に加えて，近年は，社会貢献自体を目的とした活動が社会的にも経済的にも重要となってきています。第10章では，非営利組織の仕事を取り上げて，無償ボランティアを含めた働き方を紹介します。

　具体的な職業を巡る「経済学の論理」を学ぶことは，職業とは何か，賃金はどう決まるのか，職業の未来はどうなるのかなどを考えるための手がかりを与えてくれるでしょう。

＼参考文献／

阿部正浩［2005］『日本経済の環境変化と労働市場』東洋経済新報社。
池永肇恵［2009］「労働市場の二極化—ITの導入と業務内容の変化について」『日本労働研究雑誌』No.584，pp.73-90。
池永肇恵［2011］「日本における労働市場の二極化と非定型・低スキル就業の需要について」『日本労働研究雑誌』No.608，pp.71-87。
夏目漱石［1978］「道楽と職業」『私の個人主義』所収，講談社学術文庫 No.271。
久本憲夫［1999］「技能の特質と継承」『日本労働研究雑誌』No.468，pp.2-10。

コラム① 職業と職業分類

　学生の皆さんにとって職業への入口は就職活動です。一般的な就職活動は，大学生であれば就活サイトや個別企業のサイトのエントリーシートから始まります。新卒採用の場合，職歴がないことを前提としていますので，エントリーシートでは，自己PR，志望動機や入社後の展望など，皆さんの人柄や潜在的な能力を探るような質問項目で構成されています。しかし，一度社会人になってから就職活動を行う場合，それまでどんな仕事をしてきたかという「職歴」も採用の大きな判断材料となります。多くの社会人が利用するハローワーク（正式名称は「公共職業安定所」）では，実に広範な職業について職業紹介事業が行われていますが，ここでは勤務地や勤務形態，あなたの職務経験などについて求職者と求人者のマッチングが行われます。ハローワークでは，多くの求人票から自分に合った職を検索する際，「厚生労働省編職業分類」による大分類と中分類を利用します。（ハローワークインターネットサービスでは，新卒採用も含めた求人情報検索ができますので，一度サイトを訪問してみてください）。この分類は，職務の類似性，求人・求職の取扱件数，社会的な需給などに基づいて職業を区分し，それを体系的に分類したものです。（ハローワークインターネットサービス［2017］）。現在使われている大分類・中分類は，国勢調査で用いられている「日本標準職業分類」と同じです（西澤［2012］）。

　「日本標準職業分類」は，公的統計の統一性または統合性を確保するため，統計基準の一つとして作成された，統計の結果表示の際に主として使われている職業分類です。この本でも随所で参照します。これまで何度も「職業」という言葉を使ってきましたが，この分類によると「職業」は，「個人が行う仕事で，報酬を伴うか又は報酬を目的とするもの」と定義されています。個人が従事している仕事は，その類似性に着目して大分類・中分類・小分類と体系的に配列されます。

　この分類と似たものに，「日本標準産業分類」というものがありますが，ここでいう「産業」は，形のあるモノ（財）または形のないサービスの生産と供給において類似した経済活動を統合したものであり，実際上は，同種の経済活動を営む事業所の総合体と定義されています。さらに，「事業所」とは経済活動の場所的単位と定義（総務省［2013］）されていますから，職業分類は「個人の仕事」，産業分類の方は，「職場」に着目した分類と言えるでしょう。

　「日本標準職業分類」の話に戻りますが，分類の項目は，職場がどの産業に属し

ているか,個々人がどういう働き方をしているか(例えば正社員かアルバイトか),どのくらいその仕事を継続しているかとは関係なく設けられています。そうは言っても,職業と産業の区別が難しい場合もあります。例えば農林水産業がそうでしょう。日本人の多くが農林水産業に従事していた時代は,職業と産業(仕事と職場とも言い換えられます)が同一視される傾向があり,それらが別々に分類されるようになったのは昭和5年の国勢調査が初めてのことでした。

さらに分類の項目は,個々の仕事が社会的にどの程度ひとつの職業として確立しているかを考慮して決められています。実際に考慮されている仕事内容の類似性は次の6つです。

(1) 仕事の遂行に必要とされる知識または技術
(2) 事業所またはその他の組織の中で果たす役割
(3) 生産される財・サービスの種類
(4) 使用する道具,機械器具または設備の種類
(5) 仕事に従事する場所及び環境
(6) 仕事に必要とされる資格または免許の種類

以上総務省[2009]参照

まずは「日本標準職業分類」を眺めてみてください。アルファベットAからLが最も大まかな職業大分類の項目です。

日本標準職業分類
(http://www.soumu.go.jp/main_content/000394337.pdf)

■参考文献

総務省[2009]日本標準職業分類(平成21年12月統計基準設定)日本標準職業分類一般原則。

総務省[2013]日本標準産業分類(平成25年10月改訂)日本標準産業分類の一般原則。"

西澤弘[2012]労働政策研究・研修機構 JILPT資料シリーズ No.101「職業分類の改訂記録―厚生労働省編職業分類の2011年改訂―」。

ハローワークインターネットサービス[2017]「職業分類・職業解説に関するご案内」,https://www.hellowork.go.jp/info/mhlw_job_info.html

第1章

会社の中の仕事
―――「会社員」の仕事とキャリア―――

　一般的な企業における，いわゆる「会社員」の仕事とキャリアを知り，企業で働くことのイメージをつかむことを目的とする。

　まず，会社内にどのような仕事（職種）があるかを紹介する。世の中には多くの職業があるが，ひとつの会社の中にもさまざまな仕事（職種）が存在することを確認する。次に，入社（採用）時に決まった仕事が，異動・昇進を通じて，会社内で変わりうることをみていく。最後に，仕事と賃金について，賃金プロファイルを中心に説明する。採用，異動，賃金などの内部労働市場の説明は，第2章以降を読む手助けとなるだろう。

代表的な職業・職種

会社員，人事，経理，営業，企画，研究開発

Key Words

雇用者，職種，人事異動，管理職，賃金

職業シェア

20%
管理・事務

1 「会社員」の増加と仕事

　将来の夢をきかれて「会社員」と答える子どもがいます。夢がないと笑えるでしょうか。「特別な職業でなくても，一企業の社員として安定的な給料を得て生活をしていきたい，できるならその中で良い仕事をして社会に貢献したい」——大学生が就職活動中に抱く思い，あるいはすでに働いている社会人の気持ちと大差ないのかもしれません。文系学生の中には，「業種はこだわらない，企業にもこだわらない，就職後の職種にもこだわらない」というところから就職活動を始める人も少なくないでしょう。本書にはさまざまな職業が登場しますが，独立開業やフリーランスでない限り，企業等に雇われて働くことになります。

　本章では，いわゆる「会社員」になったとき，つまり，企業に雇われて働く場合に，一般的にはどのような職業キャリアを積むことになるのか，主に大卒文系ホワイトカラーをイメージしながらみていきます。

1.1　雇用者の増加

　まず，雇用者の増加について**図表 1 - 1**を参照しながら確認します。総務省統計局「国勢調査」(2015 年) では，雇用者数は約 4985 万人です。2015 年の国勢調査では，雇用者とは「会社員・工員・公務員・団体職員・個人商店の従業員・住み込みの家事手伝い・日々雇用されている人・パートタイムやアルバイトなど，会社・団体・個人や官公庁に雇用されている人で，次にいう『役員』でない人」と定義されています。「役員」は「会社の社長・取締役・監査役，団体・公益法人や独立行政法人の理事・監事などの役員」とされています。なお，国勢調査での，雇用者などの「従業上の地位」の区分は，各回の調査で若干異なっています (**図表 1 - 1**では「雇用者」に役員が含まれています)。

　戦後，1950 年には雇用者割合は約 39% でしたが，1960 年には約 54% と 5 割を超え，その後も増加し続け，2010 年には約 86% と，現在では就業者のう

ち9割近くが雇用者となりました。

それゆえに、働く際の雇用契約や種々の制度が、社会にとっても個人にとっても重要な問題になっています。自営業者であれば、働き方のルールをある程度自分の好きなように決めることができるかもしれませんが、雇われて働く場合には、国の法律をはじめ、会社の就業規則（労働条件などの決まり事）や人事制度（評価や昇進の仕組みなど）に従わなくてはならないからです。また、1人の労働者は、雇い主である企業に比べて立場が弱いことからも、「働き方」「働かせ方」のルールはとても大切であるといえます。

あわせて、ホワイトカラーの増加について確認します。すでにプロローグ第2節（**図表1**）で、就業者に占める各職業の割合の推移をみていますが、2015年の国勢調査によると、専門的・技術的職業従事者（医師、税理士、システム設計者、教員など）は約942万3,000人、管理的職業従事者（会社役員など）

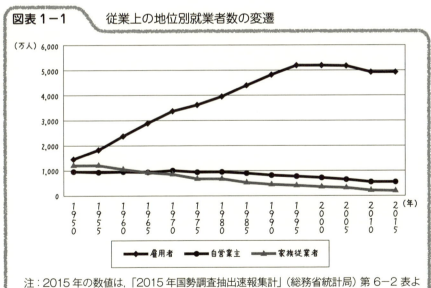

図表1-1 従業上の地位別就業者数の変遷

注：2015年の数値は、「2015年国勢調査抽出速報集計」（総務省統計局）第6-2表より追記した。
出所：総務省統計局「2010年国勢調査最終報告書『日本の人口・世帯』統計表」 第27表より筆者作成。
http://www.e-stat.go.jp/SG1/estat/List.do?bid=000000153739&cycode=0)

は約 154 万 7,000 人,事務従事者は約 1151 万人でした。これら 3 つの職業を合わせた割合は,1950 年には全体の約 14% でしたが,1970 年には約 4 分の 1 を占めるようになり,2000 年には約 35% と増加の一途をたどっています。また,サービス職業従事者も年々増加してきています。

1.2　会社の中での仕事（職種）

　ここでは,会社の中にある一般的な仕事（職種）について紹介します。第 2 章以降でみるように,世の中にはさまざまな「職業」がありますが,ひとつの会社の中にもいろいろな仕事（職種・業務）が存在しています。もちろん,ひとくちに「会社」といっても,大企業か中小企業か,製造業かサービス業か,どのような組織の形態かなどの点で,一社一社異なります。ここでは,どのような会社であってもその機能がある,主な職種を中心に紹介していきます。

経理の仕事

　経理は,会社の日々のお金の出入りを管理します。伝票の整理,決算書の作成,取引先への請求・回収などです。資金の調達や運用などについては財務という職種と分かれている会社もあります。第 4 章で「金融業」について取り上げますが,銀行などではない会社の中にも,「経理」という「お金に関わる仕事」が存在しています。

人事の仕事

　人事は,従業員の採用管理,報酬管理,退職管理などを行います。教育訓練の計画や,ワーク・ライフ・バランス支援策の検討,人事評価制度の見直しといったことも人事の仕事になる場合があります。これらについては,現場の管理職,直属上司,経営幹部などと連携しながら進めることも多くあります。総務というくくりの中に,経理や人事が含まれていることもあります。

営業の仕事

　企業は何らかの財やサービスを供給して利潤を得ることを目的とした経済主体ですから，モノやサービスを売るということは欠かせません。法人・個人の顧客の新規開拓，顧客に合った商品の提案なども行います。就職活動を控えた学生から「営業はイヤ」「営業はきつそう」といった声もきかれますが，どのような業種であってもその企業なりの「営業」があり，大卒文系ホワイトカラーにとっては多くの人が経験する職種といえるので，まずはその会社の「営業」の内容をしっかりと調べることが大切です。

その他の仕事

　その他，研究開発や企画・マーケティングもあります。研究開発は，新商品の開発や試験を担当し，企画は広告の打ち方やキャンペーンの展開を考えたりします。マーケティングでは市場調査や戦略策定が重要な仕事となります。また，製造業であれば生産・製造も欠かせない職種ですし，最近ではシステムやネットワークの設計・提案を行うSE（システムエンジニア）も一般的です。

　各企業では，独特の職種の分け方や名称の付け方がなされているところもあります。読者は自分の興味関心のある会社にどんな職種があるのか，ぜひ調べてみてください。

2　仕事の入口とキャリアの形成

　本節では，入社前後の，仕事のキャリアを積み始める入口のところをみていきます。

2.1　採用

　まず，採用の時期と方法ですが，主に，新規学卒者を卒業後の4月から一斉に入社させる「新規学卒者採用（新卒採用）」と，年間を通じて採用する「通

年採用」があります。

　新卒採用の場合，高卒はハローワークと学校による紹介を通じた厳格な採用システムとなっています。大卒の場合は，年度によっても変わりますが，最近では概ね3年生後半から4年生初め頃に就職活動が始まり，求人情報サイトへの登録，合同説明会への参加，個別の試験，面接などを経て，4年生の10月に正式な内定が出るという流れが一般的です。しかし他にも，自社ホームページのみで募集採用活動を行う企業や，経団連の指針に影響されないスケジュールの中小企業，大学のキャリアセンターを通じた求人などもあり，さまざまです。

　通年採用は，これまでは主に，転職（中途採用）や海外の大学を卒業した人を対象としているものでしたが，最近では良い人材を獲得するために，国内大学の新卒も対象とする企業もあります。また，採用活動を，学年を問わずに行っている企業も出てきています。

2.2　最初の仕事

　次に，入社後の最初の仕事や職場（初任配属といいます）がどのように決まるのかをみてみましょう。大卒正社員の新卒採用の場合，多くは大括りの「総合職」または「一般職」として採用され，新入社員研修を受けて本配属が決まるというのが一般的です。つまり，第1節でみたような，「営業」に配属されるか，「人事」に配属されるかは，入社した後に決定されることになります。

　これに対し，「職種別採用」というものもあり，こちらは応募時点で職種を絞っています。2001年の厚生労働省の「雇用管理調査」では，職種別採用を「実施している」とする企業割合は全体では48.1%で，これを企業規模別にみると，5,000人以上の大企業では30.7%，1,000～4,999人企業では32.4%，300～999人企業では40.4%，100～299人企業では52.0%，30～99人規模の企業では53.1%と，規模が小さくなるほど割合が高くなっています。

　営業で力を試したい，研究開発で長期的なキャリアを築いていきたい，という場合に，「職種別採用」は希望する職種に確実に就けるという点では望まし

い制度ですが，大学3年生の時点で職種の実像や自分の適性が完全にわかっているという人は（特に文系では）少ないのではないでしょうか。「希望していた職種に就けたものの，思っていたのとは違った」という事態も起こり得ますので，具体的な仕事内容などについてよく調べることが大切です。

2.3 総合職と一般職

　前項で少し述べたように，新卒正社員の採用に関しては，主に「総合職」と「一般職」という採用枠があります。これはコース別雇用管理制度（労働者の職種，資格等に基づき複数のコースを設定し，コースごとに異なる配置・昇進，教育訓練等の雇用管理を行うシステム）の代表的なもので，多くは1985年の男女雇用機会均等法の制定を機に，これまでの男女別雇用管理を改める目的で導入されたという経緯があります。

　いわゆる「総合職」とは，基幹的業務または企画立案，対外折衝等総合的な判断を要する業務に従事し，原則転居を伴う転勤があります。いわゆる「一般職」とは，主に定型的業務に従事し，原則転居を伴う転勤がないとされています。その他，「準総合職」「中間職」といったコースを持つ会社もあります。

　なお，男女雇用機会均等法のもとでは，男性が「総合職」，女性が「一般職」に限定・固定されるような運用は違反とされています。この点について実態をみてみると，厚生労働省「2014年度コース別雇用管理制度の実施・指導状況」では，2014年4月の採用者の男女比率をみると，総合職は男性77.8%，女性22.2%，一般職は女性82.1%，男性17.9%となっています。また，この調査での在職者の状況では，総合職に占める女性の割合は9.1%となっています。制度的には男女を問わないものですが，結果としては総合職に男性が多いのが現状といえます。

　では，総合職として採用されれば，男女が同等に活躍できるのでしょうか。同調査では総合職新規採用者について，「1995年4月採用者の20年後」「2005年4月採用者の10年後」の役職等の状況を，男女別にたずねています。結果，10年後では係長相当職は男性で15.5%，女性で3.0%，20年後では課長相当職

は男性で 24.8％，女性で 2.1％ となっています。昇進や役職決定にはさまざまな要因が関連してきますが，離職も含め，男女間に大きな差があるといえます。

　この調査は都道府県労働局雇用均等室が実施した「2014 年度コース別雇用管理制度導入企業の実態調査」の確報版とりまとめで，調査対象企業が 118 社と少ないことなどに留意が必要ですが，コース別雇用管理を考えるうえで注目すべき視点を提供しているといえます。

　コース別雇用管理は，コースの転換制度の有無や仕事内容・処遇差の整備などが重要な課題となっており，制度・実態としてさまざまに変化しつつあるのが現状です。働く側にとっても，何も考えずに「女性だから一般職」などと決めつけるのではなく，コースの内容を自分のキャリアプランに照らしながらよく検討することが求められます。

　また，最近では「勤務地限定採用」「地域限定正社員」が注目されています。正社員ではあるものの，初めから勤務地・勤務事業所が決められており転勤しない，あるいは，転勤があっても一定地域内に限る，といった形での採用です。多様な価値観の広がり，地元志向やワーク・ライフ・バランスなどの事情から，労使ともにニーズがあると考えられます。ただ，全国転勤 OK の総合職に比べて賃金や昇進で差がつくことや，限定の勤務地である工場が閉鎖した場合に雇用や処遇が守られるか，といった点には注意が必要です。

　勤務地限定も含め，最近では厚生労働省によって「短時間正社員制度」のような「多様な正社員」制度の導入が後押しされるなど，正社員のあり方・働き方も変化しつつあります。**図表 1-2** は，労働政策研究・研修機構の調査で，正社員の多様な働き方と今後の導入意向について企業にたずねたものです。さまざまなタイプの正社員が一定割合すでに導入されていることなどがわかります。

　本節でみてきたように，採用の方法や制度は企業によってさまざまであり，また，採用の時点で，仕事内容や勤務地，待遇が分かれ始めるといえます。仕事の入口は，その後のキャリア形成に密接に関連しています。

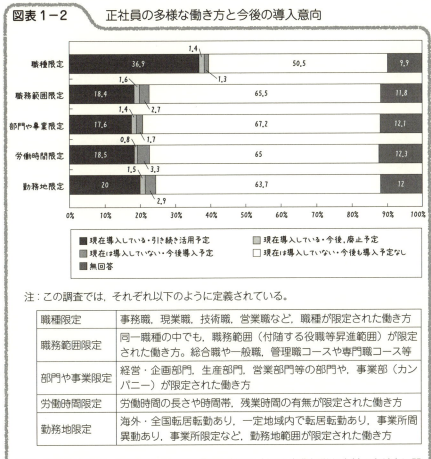

図表1-2　正社員の多様な働き方と今後の導入意向

出所：労働政策研究・研修機構（2013）「構造変化の中での企業経営と人材のあり方に関する調査」調査シリーズNo.111、図表26・附表89。

3　会社の中での仕事の変化

　採用時に、あるいは、採用後の配属で決まった仕事は、働き続ける中で変化していきます。変化のパターンをいくつかみていきます。

3.1 異動

仕事の変化は，職種が変わること（営業から企画，研究開発から総務など）もありますし，同じ職種のままで職場が変わることもあります。会社では人材育成や適材適所の実現といった目的のため，定期的な異動が行われることが一般的です。これは主に会社主導で行われますが，個人の希望を尊重する自己申告制度，社内公募制度がある会社もみられます。

仕事の変化には，事業所間の異動もあります。転居を伴うものは転勤と呼ばれることが多いですが，勤務地が変われば，職場のメンバーも変わりますし，担当顧客や担当商品が変わることもあるなど，仕事や役割が大きく変化する可能性があります。

昇進によっても仕事は変化します。わかりやすくいえば，ヒラ社員から係長，課長，部長と職位が上がっていくことが昇進です。役職が上がると，管理的な業務が加わります。部下を育てる，部下たちに仕事を割り振る，職場全体の仕事の進捗状況を管理する，部下の人事評価を行うといったことから，会社全体の経営判断を行うなどの全社的な業務も求められてきます。

3.2 管理職

どこまで出世できるか，ということは会社員個人にとって関心の高いことですが，昇進に関して法律的・社会的に重要なことは，管理職になるかどうかです。厳密には，「管理監督者」かどうかがポイントです。どこまで昇進すれば管理職となるかは会社によって異なりますが，労働基準法でいう「管理監督者」は，会社内での「管理職」とは必ずしも一致しません。「管理監督者」とは，「監督若しくは管理の地位にある者」（労働基準法第41条）ですが，厚生労働省の通達では，労働条件の決定その他労務管理について経営者と一体的な立場にある者をいい，「管理監督者」に当てはまるかどうかは，役職名称ではなく，その職務内容，責任と権限，勤務態様等の実態によって判断するとされ

ています。「管理監督者」と判断されれば，労働基準法で定められた労働時間，休憩，休日の制限を受けません。具体的には，残業代が支払われないなどです。

この点をめぐって，近年「名ばかり管理職」が社会的な問題となっています。「名ばかり管理職」とは，会社の雇用管理上は管理職扱いであるものの，仕事の裁量や勤務の実態としては「管理監督者」とはいえない労働者です。会社は残業代を払いたくないなどの理由で管理職扱いにするものの，権限や経営への参画といった点ではまったく管理監督者の条件に当てはまっておらず，残業代なしの長時間労働といった過酷な勤務実態を招いているというケース等が明るみに出ました。

3.3 専門職

読者の中には，「部下育成なんて大変そうで，管理職になるのは嫌だ」と思う人もいるでしょう。管理的業務に煩わされることなく，自分の専門でキャリアを極めたいという人のために，「専門職制度」を設けている企業もあります。2002年厚生労働省の「雇用管理調査」では，導入企業割合は全体では19.5%ですが，企業規模別にみると5,000人以上企業は50.7%，1,000～4,999人企業では43.3%と，大企業では約半数が導入しています。

技術者など高度な専門性を持つ人が，管理職としてのキャリアではなく，自分の専門に集中し，管理職と同等の処遇を受けられる，というのが専門職制度の本来の目的とするところです。一方で，役職ポストが少ないなどの理由で導入・運用されているという側面もあります。

最近の企業活動をめぐっては，技術革新や競争激化により，仕事が高度化・専門化している部分も多く，本来的な，あるいはより時代に即した専門職制度が求められています。

以上，第2節と第3節でみてきたように，たとえ同じ会社で働く人であっても，また，同期入社者であっても，初任配属の違い，異動・昇進の違い，コースの違い等によって，経験する仕事やキャリアが違ってくることがわかります。

4 賃金

ここまで，会社員の仕事とその変化についてみてきましたが，仕事の内容と並んで重要なことは，給与（賃金）です。本節では，会社で働く中で，どのように給与が支払われるのか，また，そもそも賃金とはどのように決定されるのかについて，主に賃金プロファイルと経済学の理論から考えてみます。

4.1 給与の内訳

会社員の給与は，どのように支払われているのでしょうか。厚生労働省「賃金構造基本統計調査」「毎月勤労統計調査」などで用いられている用語を確認すると，毎月決まって支給される給与は，基本給と諸手当（「家族手当」「通勤手当」など）で構成される所定内給与と，所定外給与（超過労働給与ともいい，「残業手当」「休日出勤手当」など）とを合わせたものです。これに，特別に支払われる給与である「賞与」（ボーナス）を合わせたものが，現金給与総額です（**図表1-3**）。

このような区別は，統計データをみるときや，賃金の比較をする際に重要です。例えば，賞与は月数で約4カ月など，給与全体の中でかなり大きな割合を占めるものです。残業代も，幅があるものですがかなりの額になる場合があります。いま比較・議論している「賃金」にこれらが含まれているのか否か，留

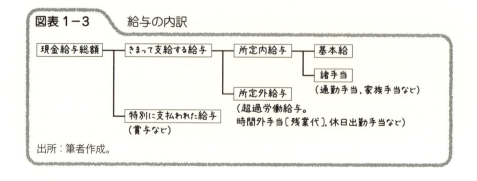

図表1-3　給与の内訳

出所：筆者作成。

意する必要があります。

　さらに詳しく，給与の中身，特に基本給の構成要素をみてみましょう。日本企業では，基本給は，「年齢給＋勤続給＋職能給」のような形が一般的といわれます。年齢給とは，例えば「25歳で12万円」「26歳で12万3,000円」のように決まっているものです。勤続給も同様に，「勤続年数が1年長くなると月々の勤続給が1,000円上がる」などのように，機械的・自動的に決まっていく賃金です。どちらも，仕事の内容にかかわらず本人の属性で決まる，属人的な賃金といえます。

　職能給は，日本企業に特徴的な社員格付け制度である「職能資格制度」に対応して決められる賃金です。「職能」とは，「職務遂行能力」のことで，その職務を遂行するのに必要な能力です。これは「職能等級（職能資格）」ごとに定められていますが，仕事内容が細かく具体的に規定されているというよりは，抽象的な「能力」が書かれていることがポイントです。

　職能給は，「ある仕事ができる能力」（それを持っている人，ともいえます）と「賃金」がリンクしていますが，これに対して，欧米などでよくみられる「職務給」は，「仕事（職務）」と賃金が対応しています。職務給は，グレード付けされた職務に賃金がはりつけられており，「（誰がやっても）この仕事をやれば〇〇ドルの賃金」という賃金の決め方です。そのため，職務給では仕事が変われば賃金も上下します。

4.2　人事評価

　それでは，上でみたような細かな賃金は，どのように決まっているのでしょうか。年齢給や勤続給は自動的・機械的に決まりますが，職能給，あるいは業績給・成果給などには，人事評価（人事考課）が反映されている部分があります。人事評価が良ければ高い賃金，悪ければ低い賃金と，評価によって差がつく部分です。

　人事評価とは，労働者の能力・成果・勤務態度などを評価するものです。人事評価にはさまざまな種類があり，昇進管理や賃金決定に使われることもあれ

ば，教育訓練や人材育成に活かすために使われることもあるなど，その目的や使途もさまざまです。人事管理のテキストなどをみると，日本企業では「情意評価」「能力評価」「業績評価」が多く用いられていることがわかります。情意評価では意欲や態度，能力評価では潜在能力，業績評価では仕事の成果が評価されます。なお，日本ではホワイトカラーにもブルーカラーにも人事評価が行われることが特徴的とされています。

4.3　賃金プロファイル

　最後に，「賃金プロファイル」について説明します。本章の後に続く各章では，「ある職業の賃金プロファイル」が紹介されていきます。本項では，各章のガイドとなるよう，賃金プロファイルとは何かということと，それについての経済学の理論的な説明といった基本的な事項を解説します。

　まず，賃金プロファイル（賃金カーブともいいます）とは，横軸に年齢または勤続年数，縦軸に賃金をとってプロットし，グラフに表したものです。つまり，年齢や勤続年数と，賃金との関係を示した図です。例えばこれが右上がりの曲線になっていると，「年齢が高い（または勤続年数が長い）ほど，賃金も高い」ということがわかります。**図表 1 − 4** では丸の付いた実線で示されています。

　厚生労働省「賃金構造基本調査」などで公表されている現実のデータをみると，「右上がりの賃金プロファイル」になっています。これをもって「日本企業は年功賃金」という言い方がされることがありますが，この点は注意が必要です。というのも，賃金の「上がり方と決め方」を区別することが重要だからです。「上がり方」とは，いわば賃金プロファイルで描かれる線の形状で，結果的に「右上がりになっている」ということを示します。

　一方，「決め方」とは，賃金決定のルールです。例えば「賃金の構成要素が年齢給と勤続給だけ」であれば，年齢と勤続年数で賃金を決めるという「決め方」であり，当然，結果としての「上がり方」は右上がりになります。ところが，「完全なる業績主義」でも，「上がり方」が右上がりになることもあります。

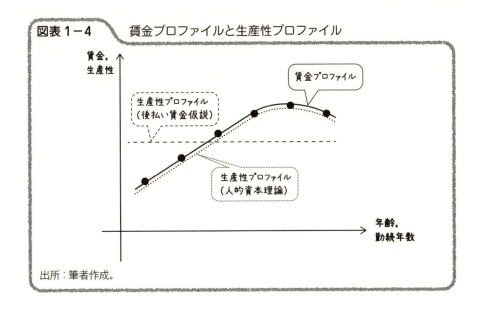

図表1-4　賃金プロファイルと生産性プロファイル

出所：筆者作成。

　例えば年齢も勤続年数も関係なく，完全に結果だけ（業績給・成果給だけ）で賃金を決めるという「決め方」であっても，熟練がモノをいう仕事で，「年齢が高い（勤続が長い）ベテランになるほど，成果が上がる」場合などです。そのため，賃金プロファイルの「上がり方」だけをみて「年功主義だ」というように「決め方」を判断することはできないのです。

4.4　経済学の理論

　関連して，賃金プロファイルについての経済学の理論についても紹介します。右上がりの賃金プロファイルがみられるときに，なぜそうなっているか，その理由はどのように説明されるでしょうか。「年齢（勤続年数）が上がるほど，仕事ができるようになるからだ」と考える読者もいるでしょう。このような考え方は，「人的資本理論」という理論の説明に近いといえます。もう少し正確にいえば，「教育訓練によって生産性（仕事能力）が上がり，結果，それに見合うように賃金が上昇する」というものです。**図表1-4**では，人的資本理論

での生産性プロファイルは，丸の付いた実線（賃金プロファイル）のすぐ下に張り付いている点線で示されています（実際には丸の付いた実線とこの点線は重なりますが，図では見やすくするために少しずらしています。また，人的資本理論では，教育訓練で身につく技能を一般的技能と企業特殊的技能に分けて説明を加えますが，ここでは割愛します）。

　それに対して，「後払い賃金仮説（インセンティブ仮説）」という理論的な説明もあります。こちらは，「たとえ生産性が生涯上がらなかったとしても，賃金を右上がりになるように設定することで，サボりを防ぎ，労働意欲を引き出す」というものです。この場合の生産性プロファイルは，年齢・勤続年数にかかわらず一定（不変）ということで，**図表1-4**では，水平の破線で示されます。この理論では，若い頃には生産性よりも低い賃金しか支払わず，その分をキャリアの後半に返していくようにすることで，右上がりの賃金カーブになることが示されます。もしも若いうちに，仕事をサボり，それが見つかって解雇されれば，低い賃金で損をしたまま会社を去ることになってしまいます。しっかりと長く勤めて，若い頃の分まで賃金を取り返した方がよいわけですから，右上がり賃金は，まじめに働こうというインセンティブになります。また，この理論では，いつまでも生産性より高い賃金を支払い続ければ，逆に会社が損をしてしまいます。そのため定年制が存在するということも述べられます。

　人的資本理論も，後払い賃金仮説も，それぞれ実感に合うところがあったり，現実を説明しきれないところがあったりします。ただ，経済学の理論では，会社は「思いやり」とか「なんとなく」で賃金や処遇を決めているわけではなく，費用と便益を計算し，コストをかけてでも，従業員の努力を引き出し，優秀な人材を引き留め，利潤を得ようとしている，と考えます。このような「損得の考え方」や「企業の論理」を意識しながら，会社のさまざまな制度をみていくことはとても大切です。

5　「会社員」の将来

　人々が会社という組織を作り，モノやサービスを生産・販売することで利潤を得るということがなくならない限り，「会社員」も不滅でしょう。しかし「会社員の未来は明るいか」といわれると，近年の社会経済を見る限り，先行きは不透明です。

　企業が大量の正社員を抱えられなくなる，社員の教育訓練に時間やお金というコストをかけられなくなる，安定的だといわれる大企業が倒産する，などは現在進行形の問題といえます。さらに今後は，技術革新，特に人工知能（AI）の発達により，多くの仕事が消滅するともいわれています。一方，現在でも，転職する人はめずらしくありませんし，会社や組織に属さず，資格やスキルを活かして個人で仕事をこなす人もいます。

　「会社員」であっても，自らに投資して，スキルアップや情報収集を行うことがますます重要な時代になると考えられます。

╲参考文献╱

阿部正浩・松繁寿和編［2014］『キャリアのみかた（改訂版）―図で見る110のポイント』有斐閣。
今野浩一郎・佐藤博樹［2009］『人事管理入門（第2版）』日本経済新聞出版社。
小池和男［2005］『仕事の経済学（第3版）』東洋経済新報社。
中嶋哲夫・梅崎修・井川静恵・柿澤寿信・松繁寿和編著［2013］『人事の統計分析―人事マイクロデータを用いた人材マネジメントの検証』ミネルヴァ書房。
松繁寿和［2012］『労働経済（改訂版）』放送大学教育振興会。
脇坂明［2011］『労働経済入門―新しい働き方の実現を目指して』日本評論社。

コラム② 賃金を比較するときに気をつけること

　本書の各章では，その章で取り上げた産業・職業の賃金について詳しくみていきますが，産業・職業間の賃金を比較するとき，「平均賃金」だけをみることには注意が必要です。

　第1章でみたように，賃金は年齢や勤続年数，職能等級や役職，あるいは業績などに対応して決められています。賃金の細かな構成要素には，年齢給や勤続給，職能給，成果給などがありました。ということは，若い人が多い産業・職業の平均賃金は低めに出てきますし，勤続年数の長い労働者が多い産業・職業の平均賃金は高い傾向があるわけです。そうであれば，賃金の比較には，その産業・職業の年齢構成や平均勤続年数等を考慮する必要があります。

　さらに，多くの企業は学歴別の採用や雇用管理を行っていますので，学歴について確認することも必要でしょう。また，男女間の賃金格差はまだまだ大きいので，産業・職業別の労働者数の男女比も関係してきます。賃金を比較する場合には，これら多くの要因についてよく調べ，条件を一定にそろえることで，より正確なデータが得られるといえます。

　また，「平均賃金」は，ある産業・職業等で働く人の「賃金の平均値」という，ひとつの数字を示しているに過ぎず，それだけでは全体像をとらえるのに十分に正確であるとはいえません。その産業・職業に従事したときに，年をとるにつれてどのように賃金が上がっていくのか，定年まで勤めたらどのくらいの賃金を獲得することになるのか（生涯賃金），長い職業人生ではこれらこそが重要だからです。

　ここで，賃金プロファイルが登場します。第1章でみたように，年齢や勤続年数と賃金の関係を示したグラフ（**図表1-4**）です。性別や学歴などの要因をそろえたうえで，産業・職業別の賃金プロファイルを描くことができれば，かなり正確な比較が可能となります。

　なお，厚生労働省「賃金構造基本統計調査」では，標準労働者というものが示されています。ここでの標準労働者とは，学校卒業後直ちに企業に就職し，同一企業に継続勤務しているとみなされる労働者のうち，学歴別に条件に該当する者とされています。例えば，最終学歴が大卒・大学院卒で，年齢から勤続年数を差し引いた数が22か23になるという条件に当てはまる労働者を「標準労働者の，学歴が大

卒の者」として扱います。この調査データからは，標準労働者の性別・学歴別・企業規模別・産業別の賃金プロファイルを求めることができます。

また，各種の調査では「モデル賃金」を求めて比較するものもあります。新卒で入社して同一企業に勤務し続け，標準的に昇格・昇進した労働者が得ている賃金について，例えば「男性・大卒・28歳・事務職」のように条件を設定して算出するものです。

　ここまでの話は，産業・職業間の比較だけでなく，企業間，就業形態間，個人間などの比較においても当てはまります。

　特に，大学生の読者は，身近な賃金といえば「バイトの時給」しかなく，就職活動においては「初任給」「平均給与」「年収」だけに注目しがちです。しかし初任給は，賃金プロファイルのスタートの1点に過ぎません。

　正社員と正社員以外の労働者の賃金比較も，若い時の時給ベースの賃金だけをみて「あまり変わらない」と判断してしまいそうになりますが，ここでも注意が必要です。定年まで追いかければ，両者の賃金プロファイルの形状はかなり違っているからです。

　個人については，たとえある一企業内における同一年齢同一学歴の同期入社者のあいだであっても，人事評価や昇進の違いなどで賃金プロファイルは1人ひとり違ってきます。自分自身の賃金プロファイルは，長い職業人生を終えた時に完成されます。そのあかつきには，じっくり眺めてみてください。

第2章

ものを作る仕事
―― 製造業で活躍する人たち ――

　本章では，わが国のものづくり企業における仕事について，それぞれの仕事の特徴やキャリア形成について触れていく。わが国の企業の多くは，学校を卒業した直後の学生を採用し，社内での教育訓練を通じて社員を育てていく，いわゆる内部労働市場型人材マネジメントを重視する傾向がみられる。その際，職種転換を伴う場合も含めて，部門の拡大や縮小などによる組織改編への対応だけでなく，社員のキャリア開発を目的とする柔軟な企業内異動を円滑に行えるような人事・賃金制度が整備されている。

代表的な職業・職種
製品組立・加工職，研究・開発・設計職，知財職

Key Words
人材育成，OJT（On-the-Job Training：仕事を通した訓練），off-JT（off-the-Job Training：座学での訓練），研修，キャリア形成，内部労働市場型人材マネジメント

職業シェア

15%
生産工程，研究者，技術者

1 ものを作る仕事の特徴

1.1 製造業とは

　私たちの日々の生活は，ものを作る仕事によって生み出された数えきれない製品に支えられています。ものを作る仕事の多くは，「製造業」に分類されています。製造業というと，自動車や冷蔵庫のような製品を思い浮かべるかもしれませんが，食料品，家具，紙やプラスチック製品等，電子部品やネジ，釘，ボルトのような部品等の製造も含まれます。総務省の日本標準産業分類（大分類）では，製造業を「有機又は無機の物質に物理的，化学的変化を加えて新たな製品を製造し，これを卸売する事業所」と定義しています。

1.2 製造業の魅力

　製造業の仕事は，さまざまな形で具体的な「モノ」を作ることに携われる点に魅力があります。自動車を作る仕事を例に考えてみましょう。自動車工場を見学すると，プレス，溶接，塗装，組立，検査といった仕事を目にします。そこでは，工場内や別の会社で作られた部品が目に入ります。いずれの部品も高い技術を持つ多くの技能工によって生産されたものです。また，1台の自動車にはおおよそ3万点の部品が必要ですが，部品同士を正確に組み付ける技術を持つ組立工も必要です。このように，自動車1台が作られるまでに多種多様な技能工や組立工が活躍しているのです。以下では，それらの仕事のうちの一部をもう少し詳しく紹介しましょう。

　自動車のボディやベアリング（ものを動かす際に発生する摩擦を軽減するために使用される，機械の回転部分に欠かせない部品）やスプリング（自動車の乗り心地や運転の安定性に重要な役割を果たしている「ばね」）などの部品には，鉄やアルミのような金属でできているものが少なくありません。それらは，地中奥深くから採掘した鉄鉱石やボーキサイトから不純物が取り除かれ，例え

ば自動車のボディとして使用するのに最適な成分や厚さへと整えられていきます。ほかにも，自動車を作るためにはガラスやゴム，プラスチックなど多くの素材が使われていますが，こうした素材も原材料を用途に応じて適切に加工・製造され，使用されているのです。

　また，自動車のボディは，プレス技術といって，鉄板を「金型（かながた）」と呼ばれる金属の塊にギュッと押し付けて一気に成型します。自動車のボディだけでなく，携帯電話の金属フレームや冷蔵庫・洗濯機の躯体など，同じ形のものを大量に作る時にも金型が使用され，プレス技術によって作られています。金型は製品の外見だけでなく性能を決める重要なもので，ものづくりに欠くことができない技術の一つです。プレス技術で部品を作っている人をプレス工，金型づくりを担当している人を金型工といいます。

　部品は，金属を削って作られることもあります。工作機械を使って刃物でものを削る加工方法の一つに旋削（せんさく：回転する対象に歯を当てて削り取っていく加工方法）がありますが，この加工を担当する人を旋盤工といいます。部品同士の接合部に熱を加えて溶かしてシッカリと繋ぎ合わせる技術を駆使する溶接工の仕事は，製品の安全に関わる大切な仕事です。

　錆を防止したり質感を出したりするためにメッキ（金属，プラスチックなどの表面に金属の被膜を作ること）をほどこす担当の人はメッキ工といいます。部品や車体などをキレイに塗装する技術を持っている塗装工も，自動車を錆から守るだけでなく，見た目の美しさを高めたり，パトカーやタクシーのように役割に応じた色にすることで利用者の利便性を増したりする面で，重要な役割を果たしています。

　上記で紹介した仕事以外にも，新技術を研究・開発する仕事や，消費者をひき付けるデザインを提案する仕事，設備機械を修理したり整備したりする保全の仕事，工場全体を見渡しながら納期通りに製品を出荷できるように調整する生産管理の仕事，不良品を出荷しないようにチェックを行う検査の仕事など，ものづくりの現場では驚くほど数多くの専門技術の持ち主が働いています。長い時間をかけて高い技術を身につけた人々が協力し合ってはじめて，魅力的な製品を世に送り出すことができるのです。こうして生み出された日本製の部品

や製品は高い技術に裏打ちされており，みなさんもご存知の通り，国内のみならず海外でも高い評価を受けています。

1.3 製造業の重要性

　このように，製造業は日本経済にとって欠くことのできない重要な産業です。第二次世界大戦が終わったとき，多くの家や工場のみならず道路や鉄道なども損なわれ，国土は荒廃していました。日本経済は，こうした状況から人々の努力と創意工夫によって復興を遂げ，世界に類を見ない規模とスピードで経済成長を実現しました。

　製造業は高度経済成長を牽引した産業の一つです。鉄鋼業，機械産業，輸送用機械はもちろん，「三種の神器」と呼ばれた白黒テレビ，冷蔵庫，電気洗濯機や，「3C」と呼ばれたカラーテレビ，クーラー，自動車といった耐久消費財が飛ぶように売れ，人々の暮らしに急速に浸透しました。さらに，日本経済は，自動車産業の例にみられるように「内需主導」から「輸出主導」へと移行し，安定成長期に入って以降も，半導体を中心とする電気機械産業や輸送用機械，一般機械等が経済成長に寄与しました。

　しかし，近年は，国際競争の激化にさらされて，苦戦している企業も少なくありません。また，最近は，ひとつの会社の中で研究・開発から製品の製造，販売までを一手に引き受けるやり方から，研究・開発やマーケティングを担当する会社と製造を専門に担当する会社といった具合に，それぞれの部門を別会社として独立させる動きがみられます。さらに，自社製品の生産を自社で行わずに電子機器の生産を請け負う別の会社に任せるやり方を採用するケースも出てきています（このような方法を，電子機器受託生産：EMS（Electronics Manufacturing Service）といいます）。

　とはいえ，製造業が依然として日本経済を支える基幹的な産業の一つであり，多くの人々が働いている産業であることは論をまちません（**図表2-1**）。もちろん今日でも，わが国の企業は，激しい企業間競争を勝ち抜くために，生産性を高めて高付加価値の製品を提供できるよう，日々努力を重ねています。ま

た，社会・経済や市場のあり方だけでなく，技術革新や生産システムの変容に伴って，働く人々に求められる能力や働き方の変化に対応しようとしています。そこで以下では，製造業A社からうかがったお話を例に挙げながら，ものを作る仕事についてみていきましょう。

図表2-1　15歳以上産業別就業者数及び割合の推移

（男女計）（単位：千人）

年	総数1）	第1次産業	第2次産業	第3次産業
1950 2）	36,025	17,478	7,838	10,671
1955 3）	39,590	16,291	9,247	14,051
1960	44,042	14,389	12,804	16,841
1965	47,960	11,857	15,115	20,969
1970	52,593	10,146	17,897	24,511
1975	53,141	7,347	18,106	27,521
1980	55,811	6,102	18,737	30,911
1985	58,357	5,412	19,334	33,444
1990	61,682	4,391	20,548	36,421
1995	64,142	3,820	20,247	39,642
2000	62,978	3,173	18,571	40,485
2005	61,506	2,966	16,065	41,329
2010	59,611	2,381	14,123	39,646

注：1）実数は「分類不能の産業」を含む。
　　2）14歳以上就業者数。沖縄県の本土籍の日本人及び外国人を除く。
　　3）沖縄県は5％抽出集計結果による14歳以上就業者数。
出所：総務省統計局編［2014］『平成22年国勢調査最終報告書「日本の人口・世帯」（上巻・解説・資料編）』日本統計協会，161頁。

2 ものを作る仕事のケース：製造業A社

2.1 A社の概要

　A社は，1万人を超える従業員を擁する，産業用ロボット等メカトロニクス製品の製造を行う老舗の大手メーカーです。同社が長い歴史の中で築き上げた高い技術力はさまざまな製品へと具体化され，社会に貢献しています。例えば，A社の製品は，自動車やスマートフォンの製造現場で，人間に代わって製品を組み立てたり，塗装を施したり，部品を搬送したりするために使用されています。また，エレベーター・エスカレーター等の制御および省エネといった分野でも重要な役割を果たしています。2015年度の仕向先別売上高構成比は海外が70%を占めるなど，その高い性能と信頼性は国内外で高く評価されており，産業用ロボット生産台数では世界トップクラスです。

　近年，A社は主として製品の研究・開発やマーケティングといった部分を担当し，実際のものづくりを担当する子会社（B社）と力を合わせて多様な製品を世の中に送り出しています。B社は，A社の中にあった製造部門を別会社化したもので，A社製品の組立，試験，塗装，出荷の工程を担っています。

2.2 A社における「ものを作る」仕事の概要

　1つの製品を社会に送り出すには，B社が担当しているような，実際の製品を作りあげるために金型や部品を作る部門や製品の組立ラインといった製造部門を必要としますが，それ以外にもものづくりを支える多くの仕事が存在しています。

　まず，企業戦略を決定する必要があります。この戦略に沿ってどのような製品を作るかを決め，研究・開発や具体的な製品の設計を行います。自社の新たな発明や製品といった知的財産を権利化し，自社の強みを守るために，「特許権」「商標権」「実用新案権」等に照らして必要な手続きを行う「知財」の仕事

も重要です。製造に必要な原材料・備品・消耗品について，必要な時に必要な量をできるだけ安く仕入れたり，借りたりする購買・調達の仕事も欠かせない仕事です。また，A社では，原材料や製品の輸出入に伴う貿易事務の業務も発生しています。製造部門では，これらの原材料を加工したり，いろいろなところから調達された沢山の部品を組み立てたりして，自社製品を生産しているわけです。

　一見，ものづくりと無関係にみえるかもしれませんが，市場調査や製品販売を担当するマーケティングや営業，企業におけるお金の動きを管理する経理や財務，自社で働く人々の採用・人員配置・教育研修や勤怠管理・給与計算・社会保険手続等を行う総務・人事・労務，情報の流れを司る情報システムの構築・管理等も大切な仕事です。

　このように，製品を世の中に送り出すまでに，実際にものづくりをする部門だけでなく，それを支える多くの仕事が存在します。各従業員は与えられた役割を果たし，協力し合いつつものづくりを行っているのです。それぞれの部門で従業員が与えられた役割を果たすにあたっては，それに必要な知識や技術を身につけなければなりません。例えば，製品に必要な部品を加工したり，たくさんの種類の精密な製品を正確に組み立てたりするためには，実地でのトレーニングだけでなく，専門知識を身につけることも求められます。また，ものづくりを支える多くの業務を滞りなく行うためには，専門的な知識に裏打ちされた実務経験が必要です。そのため，A社は教育・訓練体系を整備し，従業員の人材育成を行っています。次の節では，A社の人材育成を見てみましょう。

3　人材育成の理念と人材教育制度

3.1　A社の人事理念と人材教育制度の枠組み

　A社は，「求める人材」（採用），「人づくり」（人材育成），「働く環境づくり」（労働環境），「評価と処遇」という4つの段階から成る人事理念を策定しています。その中心は「人づくり」です。社員にチャレンジする場を提供し，「育

とう・育てよう」という精神のもと社員同士のコミュニケーションの活性化を通じ，グローバルな事業に貢献する情熱を持った人材の育成を行っているのです。A社の場合，各人の育成を進めていくにあたり，いわゆる全社を管理する人材育成部門のみでなく，縦軸（各事業部門や本社部門）および横軸（各事業部門に共通する機能別部門（生産，技術，営業等））の観点から人材育成を図る「人材育成委員会」が，教育計画の策定および各種研修等の教育施策の実行を担っています（図表2－2）。

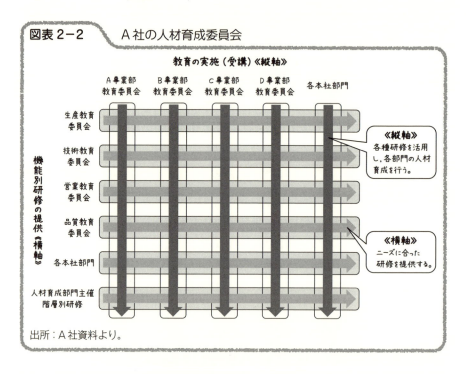

図表2－2　A社の人材育成委員会

出所：A社資料より。

3.2　A社の人材育成研修の概要

　これらの研修には，全員が受講する必須研修だけでなく，上司から指名された者が受講する選抜研修や，各人の仕事に求められる専門能力習得の必要性に応じて適宜受講するタイプの研修等，さまざまな種類があります。A社では，

教育手段として，対象者が同時に同じ場所で受講する集合研修や個人が勤務状況に応じて柔軟に受講できる通信教育等が整備されており，「グローバル人材の育成」と「キャリアアップ」それぞれの軸に照らしながら，社員の成長段階に応じて体系的に整えられています（**図表 2－3**）。

　実際の人材育成は，各人の現在の能力と，彼等・彼女等に求められる能力とのギャップを埋めるべく，職場の上司・先輩が実務を通じて部下・後輩を育てるやり方（OJT［On-the-Job Training：仕事を通した訓練］）と，専門知識を身につけたり新しい技術等を学ぶために通常業務を離れて行う研修（Off-JT［Off-the-Job Training：座学での訓練］）とを組み合わせながらすすめていきます。OJTとOff-JTとを組み合わせる形で社員の能力を高めるやり方は，ものづくり業務を担当する社員，ものづくり以外の業務を担当する社員双方に共通しています。とはいえ，それぞれが担当する業務の専門性によって，人材育成にも特徴があります。以下では，製造部門と製造部門以外の仕事内容と若手社員の育成について，それぞれみていきましょう。

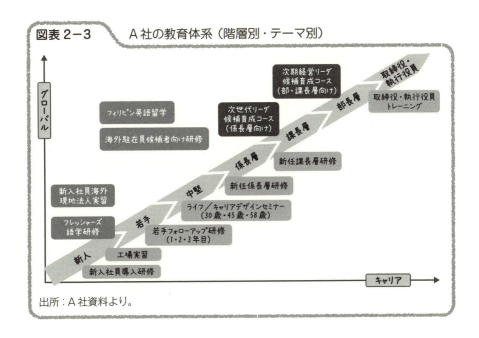

図表 2－3　A社の教育体系（階層別・テーマ別）

出所：A社資料より。

4 製造部門の社員の仕事内容と人材育成

4.1 製品組立職の仕事の概要

　前述の通り，以前はA社の中にあった製造部門は，組立，試験，塗装，出荷の工程を担うB社として別会社化されています。組立ラインで働いているのは，A社からの出向社員，B社の正社員，B社の契約社員，派遣労働者となっています。契約社員については3カ月毎に契約更新する形をとっています。

　製造部門の主な仕事は，(1)事業部の設計部門と連携しながら量産体制を準備する，(2)製品の最終組立，です。B社の製造現場は，部（250名程度），課（120名程度），班（20名程度）で構成されています。新人は，全員が手順書に基づく1週間の導入教育を受けた後に，製品を組み立てる生産ラインに入ります。生産ラインは，たくさんの種類の製品を効率的に作り上げるために，製品群ごとにさまざまな機械や装置をレイアウトしたり，1つの製品が出来上がるまでに必要な多くの作業をいくつもの工程に分割したりしています。新人は，各製品の1つの工程を任せられるようになるまでに，順調に成長した場合でおよそ1週間から1カ月かかります。

4.2 製品組立職の若手社員の人材育成の概要

　製品組立職に配属された新人社員は，覚えなければならないことが山ほどあります。現場で使う道具・機械の名称や器具・装置の使い方や，1つの工程の作業手順だけでなく，現場でのケガや事故を防止するための安全衛生に関する知識を身につけることも求められます。そこで，新人は，多岐にわたる専門知識や実際のものづくりに必要な技術を身につけるために，マニュアルや当該分野に関する書籍を読んで勉強したり，先輩社員や専門家から座学の研修を受けたりします（Off-JT）。

　しかし，座学だけで，実際にものを作る時にさまざまな部品を決められた順

番で素早く正確に組み付ける体の動かし方や器具の扱い方を十分に体得することはできません。そこで，新人は生産ラインに入り，上司や先輩社員から作業の中でわからない点が出てくるたびに教えてもらったり，手際よく作業を進めるためのコツや作業を進めるうえで注意すべき点などについて指導を受けたりします。このように，新人は，実際の仕事に従事する中で日々仕事のやり方や進め方を学びながら，数多く存在する工程のうちの1つを1人で担当できるように成長していきます。

1つの工程を1人でこなせるようになると，今度は別の工程を割り当てられます。新しい工程でも，研修で専門知識を増やしたり，実務経験を通じて，上司や先輩社員からアドバイスをもらったりしながら，次第に1人で作業できるようになっていきます。このようにして，新入社員は，少しずつ担当できる工程を増やしていきながら実務能力を磨いていきます。

同時に，若手社員は，社内の技能検定等を通じて徐々に担当できる工程への理解を深めていったり，全体の仕事の流れを把握したり，マネジメント能力の伸長を図ったりしていきます。製造部門の管理職になるまでには，単に担当する工程の仕事を遂行するだけでなく，後輩や部下の育成・管理監督を行うための専門知識や指導力・リーダーシップ，現場の安全衛生の責任者としての目配り・心配り等も身につけることが求められます。新製品の製造にあたっては，製品を量産する部門の代表として，部品の形状や組立方法や，製造部門の社員にとって操作しやすいかという観点から装置の使い勝手等について，研究・開発職とやり取りをしたりすることもあります。万一，生産ライン内でトラブルが発生したときにその原因を推理して自ら修理・修正を施したり，機械や設備の修理担当者に適切に故障個所や原因として考えられる要素を伝えたりして，できるだけ作業をストップさせないように対応する力も必要になってきます。

そのため，班のリーダーを任せられるようになるまでに，早くて10年程度かかります。さらに，職長になると35～40歳ぐらい，課長クラスになってくると，45歳前後以上になってきます。

以前は，高い熟練を持つ社員がさまざまな配慮をしながら部品を組み付け，高品質の製品を製造していました。しかし，近年の雇用形態の多様化を受け，

設計段階から部品の形状を工夫して組付ミスを防止したり，組付作業を単純化・マニュアル化したりして，ミスが発生しづらい方法に改善を続けています。また，ヒューマン・エラー発生防止のために自動化を進めたり，女性でも重い部品を組み付けられるように設備・装置を工夫したりしています。

このように，製造部門は日々努力を重ねているのですが，受注量が急増したときは，工場内あるいは工場間で社員が応援に駆け付けたり，派遣労働者を増員したりして対応しています。一方，短期的な生産量の増減に対応できたり，新たな生産技術や設備を導入することで生産性を上げて大量発注に応えられるようになったりしたときに，手ごたえを感じます。

5 研究・開発職および総務・人事・労務職の仕事内容と人材育成

5.1 研究・開発職および総務・人事・労務職の新入社員研修の概要

前述の通り，製造部門以外にも，ものづくりを行っていくうえで必要な多くの仕事があります。そこで，製造部門以外の社員にも，それぞれの担当分野で必要な専門知識や能力を身につけ，高めていってもらう必要があります。そのため，A社は，製造部門以外の分野で働く社員向けの人材育成も充実させています。そこで，まず，若手社員に向けた研修からみていきましょう。

A社の新入社員は，入社後3年間が義務教育期間と位置付けられています。新入社員は，入社後直ちに約2週間の新入社員導入研修を受講します。目的は，(1)社会人としての規律・マナーの習得，(2)A社の経営理念・ビジョンや会社の諸制度といった会社組織の理解，(3)チームワークの体感，の3つです。新入社員導入研修終了後には，A社の主要な国内製造工場3カ所にて各3週間ずつ工場実習を行って，6月中旬に各部門に配属されます。たとえ，実際に配属されたのが製造部門以外であったとしても，どのように自社製品が作られているかを全社員が経験し，自らが担当する業務が具体的な製品に多様な形で結びついていることを体感することで，より一体感をもって業務にあたれるように

なるためです．配属後は，3〜5歳年上の先輩社員がメンター（指導役）として選任され，業務に必要な知識・技法やマナーの教育，動機付けを行ったり，新入社員の仕事面と生活面の悩みを聞いたりします（「ブラザー＆シスター制度」）．さらには，その新入社員とブラザー＆シスターの指導・育成状況を，各自の自己紹介も兼ねた形で社内HPを通じて紹介し，全社で共有しています．

入社半年後に，グローバル化への意識向上をねらいとして「新入社員海外現地法人実習」が実施されます．具体的には，全員が2週間中国の現地法人を訪れ，工場の製造ラインにおける組立工程作業の実習を受けて，現地のものづくり，製造員の働き方・考え方に触れます．また，海外駐在員や現地エース社員の話を聞く機会も設けています．A社では海外拠点で働く可能性が高いことに加えて，日本で勤務しながらも商習慣や価値観等の差異を越えて互いを理解することでグローバルビジネスにおける相乗効果を創出し，会社に貢献できる人材を育てることが，これまで以上に求められているからです．

入社後3年目までは，毎年第4四半期に2日間の集合研修（「フォローアップ研修」）が行われます．そこでは，大体1日〜1.5日がキャリアの振り返り研修に，残りがビジネス知識や会社知識を学ぶ研修にあてられています．

これ以外にも，入社1年目には，研修と並行して，希望者全員が受講可能な新入社員語学研修が設けられています．基本的には英語ですが，すでに英語力が高い人材は中国語を受講できます．

さらに，一連の新入社員研修以外にも，グローバルな事業展開を担当する社員を対象として，海外拠点で開発力，生産力，販売力の強化ができる人材を育成するための「グローバル人材育成研修」を実施したり，管理職着任時に受講する研修や，将来の経営リーダー候補の計画的な育成を目的とする選抜型の研修も整備されています．

このように，A社では，採用した社員全員に対して，自社のものづくりを支えていくための仕組みを，OJT, Off-JT両面から工夫して作り上げています．以下，研究・開発職，総務・人事・労務職を取り上げ，それぞれが仕事を通じてどのように育てられ，キャリアを形成していくのかについて触れていきましょう．

5.2 研究・開発職の仕事の概要

　A社のものを作る仕事の大まかな流れは，**図表2-4**の通りです。本社の研究・開発部門の主な仕事は，(1)どの事業部も取り組んでいない新製品については，大体2～3年をかけて開発研究所内で企画・試作・評価・ブラッシュアップを繰り返して製品化したものを事業部に移管する，(2)各事業部からの依頼を受けた場合，およそ1～2年をかけて研究・開発した技術を事業部に「移管」する，というものです。一方，各事業部の開発部門は，(1)各事業部の既存事業における新製品の開発および設計，(2)本社研究・開発部門から移管された設計情報を生産部門が量産可能な形に落とし込む，といった具合に，すみ分けています。

　業務は，必要に応じて単一部門あるいは部門横断的に，各分野の専門家がチームを作って対応します。新入社員は本人の希望を考慮しながら，各部門の人材ニーズと各人の専門性とのマッチングによって配属されます。配属後は，先輩社員と一緒に仕事をしたり（「ブラザー＆シスター制度」），通信教育・研修を受けたりしながら業務を覚えていきます。2～3年経つと，プロジェクト

図表2-4　A社におけるものづくりの流れ

本社の研究・開発部門	・新規分野の製品・技術等に関する研究・開発および設計 ・事業部から依頼された製品・技術等に関する研究・開発および設計
事業部の開発部門	・各事業部の既存事業における新製品の開発および設計 ・本社研究・開発部門から移管された設計情報を生産部門が量産可能な形に落とし込む
工場におけるものづくり	・事業部の開発部門と連携しながら量産体制を準備 ・製品の最終組立

出所：A社社員へのヒアリングに基づいて筆者作成。

メンバーとして単独で担当業務を任され,自らがブラザー&シスターとして後輩指導にあたれるまでになります。

その後は各人の能力の伸長に応じて徐々に責任範囲や任される仕事量が増えていきますが,主事係長クラスになるまでに平均で10年程度かかります。係長クラスは予算とメンバーへの仕事の割り振りや納期管理等を,課長は各課の複数のプロジェクトリーダーの管理・指導や部門を横断するような大規模プロジェクトのリーダー,といった管理業務を担うようになります。さらに,管理職の最も重要な仕事の一つである人材育成にも力を注がねばなりません。

研究・開発部門の仕事の大変な面の一つは,研修への参加や自己研鑽等を通じて,常に最新の理論・技術を吸収し続けなければならないところです。もちろん,納期までにコスト・機能性能の両面で満足する結果を出さなければなりませんし,一旦事業部に移管した製品・技術についても,顧客からの要望に応じた改善や不具合対応など,事業部に対するフォローが必要となります。さらに,部下・後輩の育成・指導にも目配りしなければなりません。一方では,新技術が製品化されたり,技術的課題が解決したりするときに,これまでの苦労が報われたり,自らが研究・開発に関わった製品がヒットした時なども,やりがいを感じる瞬間となります。

研究・開発部門の仕事で1人が担当するプロジェクト数は以前とあまり変わっていませんが,昨今の製品ライフサイクルの短縮化と加速度的な技術革新を背景に,新製品の早期市場投入,すなわち開発期間の短縮が求められています。これに対応するため,CADやシミュレーションツールを活用することで,設計や試作期間の短縮を図っています。また,グローバルな視点で他企業との連携を強化し,お互いに得意な技術を融合させることで革新的な新技術を短期間で開発する手法(オープンイノベーション)にも注力しています。

5.3 総務・人事・労務職の仕事の概要

総務・人事・労務職の役割は,「ヒト」の面から会社の発展に資することです。社員の採用や人材育成・人事異動はもちろん,就業規則や昇進・昇格・昇

給等の処遇制度の整備や福利厚生，さらに労使交渉や株主総会やCSR（企業の社会的責任：Corporate Social Responsibility）といった多様な業務を担当します。総務・人事・労務職は，自らの組織がどのような人材を必要とし，自社の社員が業務を行う際に，どのような役割や責任を与えるのが適切であるのか，さらに企業に対する各社員の貢献をどのように評価し，賃金や賞与を支払い，どのような人材を昇進させていくのか，といったことを定め，適切に運用していく重要な役割を担っています。

　A社のような製造業では，多くの場合，社員が長い間自社で働き続けたくなるような仕組みづくりがポイントになってきます。例えば，製品組立職のように，長年の経験に裏打ちされた高い熟練を有する社員を育てることが重要だからです。また，自社製品に熟知し，豊かな知見をベースにした製品づくりが求められる開発・設計部門はもちろんのこと，マーケティングや営業のような製品製造と直接に関わっていないようにみえる部門についても，自社製品の特質や性能に関する深い専門知識や顧客との長期にわたる関連性の中で培われてきた信頼関係が大切になってきます。総務・人事・労務部門の社員も，自社の社員のことを採用段階から長期にわたって寄り添い続ける中で蓄積された多くの有形・無形の情報が，彼等・彼女等の専門性や仕事能力の維持・向上に効果的な制度の設計・運用に役に立ってくるのです。

　そのため，A社の総務・人事・労務の仕事では，「自社社員のことを知る」ことが重要になってきます。そこで，この部門に配属された場合，1カ所につき3年程度のサイクルで，国内外の事業所を異動します。本人の希望も容れながら，人事の仕事に加えて経理や企画等の業務も適宜経験することで，各部門から人事へのニーズをキャッチできる能力を磨くケースもあります。

　人事の仕事は，社の課題に対して応えなければいけないという面と，社員がどう受け止めて動いてくれるか，というバランスを探りながら処遇制度策定・運用をしなければならない苦労もあります。また，結果が出るまでに非常に長い期間を要するだけでなく，費用対効果が測りがたい分野でもあります。社の経営状況が芳しくないときにはボーナスや給与の引き下げ等，共に働く仲間に厳しい決断を迫らねばならないこともあります。

一方で，人事の仕事の醍醐味は，相手の気持ちに立った仕事ができることです。また，従業員との交流の幅が広がったり，いろいろな職種，年齢階層の従業員と接する中で感謝されたりすることもあります。新たな賃金制度や研修制度等の策定・運用等を通じて皆のモチベーションが上がったり，研修を受けた社員の成長を目にできたり，自らが採用した従業員が活躍しているときに，やりがいや面白さを感じられます。

6 処遇制度

6.1 A社の処遇制度の概要

これまでみてきたように，A社は，新規学卒を中心に採用し，中長期的な観点からOJT，Off-JTの両面で体系的かつ積極的に人材育成を施すことを通じて，各人を一人前の社員に育てあげています。入社段階から手間暇をかけて自社で求められている能力をしっかりと身につけてもらい，担当職務あるいはマネジメント面で能力をいかんなく発揮し，貢献してもらうことで，企業の高い競争力を確保しようとしているのです。

A社では，仕事上求められる能力の伸長のために，本人の努力だけでなく，上司・先輩社員による指導・育成が重要であると考えています。そこで，人材育成制度を充実させたり，人事評価項目に部下・後輩の「指導・育成」項目を入れたりしています。さらに，社員の成長段階に応じて，一層の経験を積み重ねられる仕事に就けるように制度を整備しています。

また，社員が安心して新たな仕事に挑戦できるように，柔軟な配置転換・業務割当てによって社員が不利益を被らない昇進・昇格・昇給制度を導入しています。具体的には，一人前になるまでは，基本的に習熟を加味した積み上げ型の給与になっています。一方，積み上げ段階を終えて管理的な立場になってくると，担当業務の責任の重さ・役割の困難度と成果・業績に応じて給与が決まるようになります。とはいえ，例えば営業職と研究・開発職の課長クラスを比較すると，仕事内容によって大きく給与が異なるということはありません。む

しろ，同じ会社で働く仲間として，同程度の職責であれば，営業と研究・開発という異なる分野であっても，大体同レベルの給与が支払われるという方針で制度を構築しています。

　わが国の多くの企業と同様に，A社にも新規学卒者を採用し，長い期間をかけて内部育成・昇進させる内部労働市場型人材マネジメントを重視する傾向がみられます。その際，職種転換を伴う場合を含めて，部門の拡大・縮小等による組織改編への対応だけでなく，社員のキャリア開発を目的とする柔軟な企業内異動を円滑に行えるような人事・賃金制度が整備されています。例えば，電機連合の調査によると，男性大卒管理・事務・技術者賃金と，男性高卒生産労働者の賃金の賃金水準や賃金の上がり方に，極端な差はみられません（**図表2-5**）。

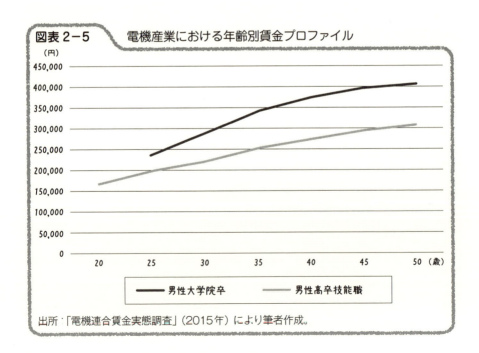

図表2-5　電機産業における年齢別賃金プロファイル

出所：「電機連合賃金実態調査」（2015年）により筆者作成。

6.2 A社の処遇制度に関する今後の課題

　A社の処遇制度は，長い期間をかけて作り上げられてきました。しかし，現在の処遇制度にまったく問題がないかといえば，そうではありません。例えば，グローバル化への対応，業務の過密化の軽減策，男女両性が活躍できるようなワーク・ライフ・バランスを念頭に置いた処遇制度改革等，考えるべき課題は山積しており，企業は日々改善への取り組みを続けています。労働組合も，労働条件・労働環境の改善だけでなく，経営改善に関して意見を出したり，社員の不満を集約して解消を図ったり，製品の品質や工程改善への積極的な取り組みを続ける等，多くの面で重要な役割を果たしています。

　このような取り組みは，A社のみならず，わが国のものを作る仕事が今後も発展し続けていくために，各社が力を入れている点でもあります。経済・社会環境や労働市場の状況の変化に応じて，労使コミュニケーションを含め，たくさんの知恵や工夫を常に出し合いながら，時代により相応しい働き方を模索していくことが求められているのです。

（付記）　本章で説明しているA社の概要，業務内容，社内キャリア等については，A社ホームページ及び電機連合の協力を得て2016年7月6-7日に実施したA社ならびにA社労働組合へのヒアリング調査結果をもとにとりまとめたものです。調査にご協力いただきました皆様に心より御礼申し上げます。ただし，あり得べき誤謬は，すべて筆者の責に帰するものです。

コラム③　聞き取り調査のポイント

　学生の皆さんの中には卒業論文などの作成にあたり，企業や個人に聞き取り調査を行う人もいるでしょう。ここでは，聞き取り調査のいくつかのポイントを紹介します。

　まず，聞き取り調査は，調査対象となる相手が本来の業務や活動に費やすはずであった貴重な時間を頂戴するものだと，強く意識してください。相手の方はきっと仕事や社会活動で忙しいはずです。協力くださる方の厚意をありがたく受け止め，感謝の気持ちを忘れずに調査に臨みましょう。

　調査成功の秘訣の一つは，実際に聞き取りを行う前の準備にあります。今回の聞き取りを通じて「何を」，「どこまで」知りたいのか，そのために「誰に」「どのような」質問をすれば有益な知見を引き出せるのか，しっかりと考えてください。多くの場合，これらのことは事前に下調べをすることができます。例えば，企業や団体等が開設しているホームページ，新聞や経済誌の記事，各種の統計調査，有価証券報告書や会社年鑑等から，さまざまな情報を入手できます。

　以上の準備を終えて調査の目的や対象が具体的になったら，聞き取り調査のお願いをします。依頼を快く引き受けてもらうために「聞き取り調査依頼状」などを送り，あなたの調査への真剣な取り組み姿勢や調査の社会的な意義を理解してもらいましょう。依頼状には，自己紹介をはじめ，調査の目的，依頼先を選んだ理由，主な質問項目，調査実施希望日時，場所，所要時間，聞き取り調査に伺う人数・担当者連絡先，そして聞き取り調査で得られた成果をどのような形で活用するかなど，記載してください。

　相手が調査を承諾し，調査日時などの詳細が決まったら，いよいよ聞き取り調査です。当日までに，名刺や名刺ケース，記録用のノートやメモ用紙（録音許可が得られたらICレコーダ等の録音機材）などを準備しておきます。場合によっては，別の人からお話をうかがえる可能性もあるので，依頼状を余分に準備しておくのもポイントです。服装やカバン，靴等の身だしなみにも心配りしてください。

　当日は，交通機関の乱れや道に迷う等のアクシデントが発生しても慌てなくて済むように，十分に時間に余裕をもって会場に向かいましょう。また，聞き取りの時間が延びることもあり得ますので，調査後のスケジュールも十分な余裕を確保して

おきましょう。当たり前のことですが，挨拶や言葉遣い等，相手に不快感を与えないように，礼儀正しく振る舞ってください。また，急に訪問人数を増やしたり，所要時間を延長したりしないように留意してください。

聞き取りの際には，相手が話しやすいように，アイコンタクトを取ったり，相槌を打ったりするといった工夫が大切です。聞き取り調査は，相手を理解するために行うものであって，議論をする場ではありません。できるだけ相手の立場に立って理解するよう心掛けてください。

調査終了後，必ず当日か遅くとも翌日までに，お礼状を出しましょう。また，記憶が薄れないうちに，メモや頂戴した資料等を手掛かりにしながら，できるだけ早く聞き取り調査で得られた知見をまとめることが極めて重要です。まとめる際には，調査日時，会場，参加者，対象者の情報（ご所属やお名前等），聞き取りの内容（入手した資料があれば資料の記録）といった事項を盛り込みます。特に，日付や人名・組織名等の固有名詞は正確に記録するよう細心の注意を払ってください。

また，調査結果をまとめるときには，聞き取り調査で得た情報を鵜呑みにしないよう注意しましょう。人間の記憶は，時として不正確なこともあるからです。可能な限り，それ以外の公刊記録や資料等の情報と照らし合わせながら，慎重に検討してください。また，お話をうかがった方のプライバシーの保持や，調査を通じて知り得たデータや資料等に関する守秘義務の遵守等，情報の取扱いには特に注意を払ってください。調査結果がまとまったら，ご協力いただいた方々に，改めて成果の報告を兼ねたお礼状を出しましょう。その際，可能な限り，成果物を同封してください。

第3章

ひとやものを運ぶ仕事
―― 運輸サービスで活躍する人たち ――

　本章では運転や操縦の仕事について見る。バスの運転手と鉄道の運転士，そして航空機の操縦士を比べると，まず賃金水準が大きく異なっている。航空機の操縦士とバスの運転手を比べると，最大で4倍も月給が違っている。鉄道の運転士と比べても航空機の操縦士の月給は3倍だ。なぜこうした違いがあるかを見ていくと，キャリア形成の違いが影響していることがわかった。航空機の操縦士のキャリア形成は最も長く，次いで鉄道の運転士のキャリア形成が長い。それぞれの運転や操縦の難しさが賃金水準に反映しているようなのだ。

代表的な職業・職種
　航空機の操縦士，鉄道の運転士，バスの運転手

Key Words
　公共交通機関，資格の取得，安全に快適に正確に運ぶ，仕事の幅，自動運転技術

職業シェア

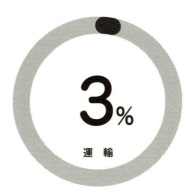

1　ひとやものを運ぶ仕事の特徴

　通勤・通学や買い物などの日々の生活や旅行や出張などをする時，私たちはバスや鉄道，航空機などの公共交通機関を利用します。東京の玄関口，東京駅では，毎日3,000本ほどの列車が発着し，1日43万人ほどが利用しています。東京（羽田）国際空港でも，毎日1,000機以上の航空機が発着し21万人ほどが利用しています。公共交通機関がなければ，私たちの移動が困難になるといっても大袈裟ではありませんね。

　こうした公共交通機関を支えている人々，特に運転士の仕事について，本章では見ていきたいと思います。

1.1　公共交通機関の規制緩和

　公共交通機関は，その公共性が高いがために各種の規制がなされてきました。特に，公共交通サービスの安定供給を確保する観点から各企業の事業を安定化させるため，長い間にわたって国による需給調整が行われてきました。しかし1990年後半になると，自家用車などの普及が進む中で規制の意義が薄れる一方で，不採算路線の維持手法の限界や弊害が指摘されるようになりました。このため，民間活動を可能な限り市場原理に任せ，事業者間の活発な競争を通じてサービスの向上等を図るために，需給調整規制の廃止等の規制緩和が進められていました。

　まず，バスの場合には，平成12年（2000年）の道路運送法の改正によって，平成12年（2000年）には貸し切りバス，平成14年（2002年）には乗合バスがそれぞれ規制緩和され，需給調整規制の廃止などが実施されました。これにより，事業参入については免許制から輸送の安全等に関する資格要件をチェックする許可制へ移行し，運賃についても多様な運賃設定が可能となりました。

　鉄道については，平成12年（2000年）の鉄道事業法の改正施行により，需給調整規制が廃止されて，路線ごとの許可制となりました。また，運賃規制な

どについても緩和がなされ，多様な運賃の設定・変更が可能となっています。さらに，退出についても許可制から原則1年前の事前届出制となり，退出に際して公衆の利便の確保に関し意見聴取し，問題がなければ退出することができるようになりました。

航空については，それ以前から事前届出による航空運賃等の割引率の拡大など段階的に規制緩和が行われてきましたが，平成12年（2000年）に需給調整規制の廃止などとともに運賃規制緩和が行われました。また，運航または整備に関する業務についても，その管理の受託や委託を可能とする許可制度が新設されました。

このような規制緩和で，公共交通の利便性は高まっており，その結果として利用客も増加しています。その一方で，規制緩和は運転士の仕事にも大きく影響しています。例えば，運転手の過失による死亡事故が生じたり，運転士の人手不足により運行ができない事例が生じたり，などです。

1.2 公共交通機関を支える労働者

総務省統計局の「国勢調査」によると，運輸業に従事する雇用者は2015年10月時点で269万7,000人余りです。このうちバスやタクシーを運行する道路旅客運送業に従事する雇用者は42万8,000人，鉄道業に従事する雇用者が22万7,000人，航空運輸業に従事する雇用者が3万8,000人となっています。この他に運輸業は，道路貨物運送業，水運業，倉庫業，運輸に附帯するサービス業を含みます。2015年の雇用者総数が4984万9,000人余りですから，運輸業の雇用者シェアは5.4％ほどで，宿泊業・飲食サービス業の雇用者シェアと同じです。

では，運輸業にはどのような仕事をしている人たちがいるでしょうか。ここでは，仕事の種類を最も網羅的に詳細に分類している「日本標準職業分類」で見てみましょう。

まず，本章で注目する「バス運転者」，「電車運転士」と電気機関車やディーゼル機関車といった電車以外の鉄道運転士である「その他の鉄道運転従事者」，

そして「航空機操縦士」です。また，バスや鉄道などに乗務して，発車の合図や車内の秩序保持，切符の販売などの仕事を行う「車掌」がいます。さらに，バスの営業所や鉄道の駅構内で車の進路設定や車両の入換えなどを行う「鉄道輸送関連業務従事者」がいます。以上のバスや鉄道，航空機に乗務して仕事をする人たちが「輸送・機械運転従事者」です。なお，鉄道や航空機に乗務するパーサーや客室乗務員は「身の回り世話従事者」としてサービスの職業に分類されています。

　バスや鉄道，航空機を安全に動かすためには，「自動車整備・修理従事者」や「輸送機械整備・修理従事者（自動車を除く）」という職業の人たちも必要となります。また，鉄道会社には鉄道・軌道の建設計画などの仕事をする建築技術者や土木技術者，鉄道・軌道のレールの敷設や保線を行う「鉄道線路工事従事者」といった人たちも必要ですし，発電所や変電所もあるので変圧器や送電装置，整流装置を修理する「電気機械器具整備・修理従事者」も必要となります。

　さらに，バス営業所や鉄道の駅で仕事をする「旅客・貨物係事務員」，運転手などに業務指示を行う配車係（バス）や運転指（司）令（鉄道），航空機のフライトプランを作成する「航空ディスパッチャー」，あるいは車両や乗務員の運用担当者といった「運行（運航）管理事務員」がいます。これらの職業も，バスや電車，航空会社にはなくてはならない仕事です。

　こうした職業以外にも，バス会社や鉄道会社，あるいは航空会社で主に本社や事務所などで仕事をしている役員や管理職，そして人事や経理の仕事をしているホワイトカラーが働いています。

　では，本章で注目する運転士は何人ぐらいになるでしょうか。**図表3-1**はこれらの人数がどう推移してきたかを示したものです。バスの運転手の場合，2005年まで減少の一途を辿っていましたが，その後は増加に転じており，2013年は8万3,000人ほどとなっています。鉄道の運転士は，1995年をピークに減少していて，2013年には3万6,000人ほどとなっています。航空機の操縦士も1995年をピークに減少しており，2013年には6,000人ほどとなっています。

図表3-1　運転士の人数の推移

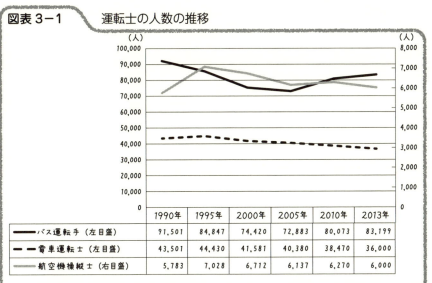

	1990年	1995年	2000年	2005年	2010年	2013年
バス運転手（左目盛）	91,501	84,847	74,420	72,883	80,073	83,199
電車運転士（左目盛）	43,501	44,430	41,581	40,380	38,470	36,000
航空機操縦士（右目盛）	5,783	7,028	6,712	6,137	6,270	6,000

注：2013年（平成25年）の雇用者数については，バスの運転手は（公財）日本バス協会の調べ，鉄道の運転士は国土交通省鉄道局「鉄道統計年鑑」，航空機の操縦士は国土交通省航空局「就労実態調査」による。2013年以外の雇用者数は総務省統計局「国勢調査」による。
出所：総務省統計局「国勢調査」など。

2　運転士の仕事

　運転士の仕事は，人や物を目的地に，安全に，決められた時間通りに，快適に，運ぶことです。これは，バス，鉄道，航空機のそれぞれに共通します。ただし，詳細をみると，それぞれの仕事は異なっています。

2.1　バスの運転手

　バスの運転手の仕事は，大きく分けると路線バスと貸切バスの運行がありま

す。ですが，どちらも乗客を目的地に安全に快適に正確に運ぶ必要があります。まず路線バスでは，決められた路線を時刻表通りにバスを安全に運行することが運転手の仕事ですが，運転手は運転だけをしているわけではありません。運行前には，その日に乗務する路線や車両を確認して，アルコール検査など始業前点呼を受けます。運行中は，乗客の安全に配慮して，アナウンスや料金の収受をします。さらに運行後は，アルコール検査や売上の精算，車両の運行後点検などを行い，運行後点呼を受けます。運行中は安全運転に心掛け，事故を起こさないように細心の注意を払って運転しなければなりませんし，快適な乗り心地といったことにも配慮します。

貸切バスの仕事は，観光ツアーや団体旅行などそれぞれの乗客の要望で走行ルートが変わるため，路線バスの仕事とは異なります。また，貸切バスに使用する車両は，路線バスより車両寸法が大きく，エンジン出力も大きいのが一般的で，運転の感覚が違うといいます。そのため，貸切バスの仕事に就くには路線バスでの一定年数の経験を必要とする会社が多く，貸切バスの運転手にはベテランが多いようです。

2.2 鉄道の運転士

鉄道の運転士は，バスの運転手同様に，乗客を目的地に安全に快適に正確に運ぶことが仕事です。鉄道の運転士も，電車の運転だけでなく，始業と終業の点呼がある点はバスの運転手と同様です。ただし，バスに比べて電車の運転は難しいといいます。それは，簡単に言えば，車輪と路面との摩擦係数の違いによります。乾いたアスファルトとゴムタイヤの摩擦係数 μ が約 0.8 に対して，鉄の車輪と鉄路のそれは約 0.4 と一般的に言われています。このため電車の発車や停車はバスに比べて難しいとされ，停止位置にぴたっと止めるのは容易ではないようです。電車の長さ，電車内の混雑具合（重量が変わる），天候（摩擦が変わる）など，時事刻々と電車を発車停車させるための条件が変化し，特にブレーキのかけ方には熟練が必要です。誤って急ブレーキをかけようものなら，乗客の安全に影響を与えかねません。また，近年はJRや地下鉄，私鉄間

での相互乗入れが行われるようになり、数多くの車種を運転するようになりました。車種によってそれぞれ特性があるため、電車の運転が複雑になっているともいいます。そのうえ、特に都市部では過密なダイヤになっているので、うまく発車と停車ができないと定時運行に支障をきたしてしまいます。

2.3 航空機の操縦士

航空機の操縦士の仕事も、乗客を目的地に安全に定時に快適に運ぶことです。航空機の場合、飛び立ったら必ず地上に降りなければならないので、操縦士は着陸するまで気を抜けません。出発前、機長は副操縦士や客室乗務員に運航管理者を交えてミーティングを行い、気象データや航空機の整備状況や飛行高度、燃料、空港の状態などについて確認を行い、フライト計画を立てます。航空機のコックピット内では、機長と副操縦士は分担して、燃料の確認、計器の確認、機器への飛行データ入力などを行い、離陸します。離陸後は事前に定めたフライト計画通りに航行しますが、気象の変化など事前に予測不可能な事象も発生するため、管制官と連絡を取りながら進路変更を行うこともあります。航行中は、エンジンなどの機器にトラブルが発生していないか、燃料が不足していないかなど計器類やレーダーをチェックし、飛行に支障がないように常に気を配ります。着陸後も仕事は続き、飛行日誌を記入してフライトの振り返りを行い、整備担当者に機体の状態を連絡します。なお、こうした運航業務とは別に、訓練プログラムの立案や採用活動などのオフィスワークを行ったり、訓練を指導する教官になったりする操縦士もおり、その仕事の幅は広いようです。

3　運転士の賃金プロファイル

年齢や勤続年数を横軸にとり、年齢や勤続年数によって賃金水準がどのように推移するかを示したグラフを賃金プロファイルと言います。では、運転士の賃金プロファイルはどのようになっているでしょうか。**図表3-2**は、厚生労働省「賃金構造基本統計調査」が調べている「きまって支給する現金給与額」

を年齢別にプロットしたものです。「賃金構造基本統計調査」は，毎年7月に実施されていて，5人以上の常用の労働者を雇っている事業所に勤務する労働者の賃金を詳細に調査しています。きまって支給される現金給与額は，6月分として支払われる賃金で，基本給や職務手当，精皆勤手当，通勤手当，家族手当などが含まれ，所得税や社会保険料などを控除する前の額です。

この**図表3-2**からは次の3つの特徴が見てとれます。

(1) 20代前半まではバスの運転手の賃金が最も高く，航空機の操縦士の賃金が最も低い。

(2) しかし，バスの運転手の賃金は20代半ば以降伸びておらず，ほぼ横ばいである。

(3) 一方，鉄道の運転士や航空機の操縦士の賃金は年齢とともに高くなる。なかでも航空機の操縦士の賃金の伸びは急である。

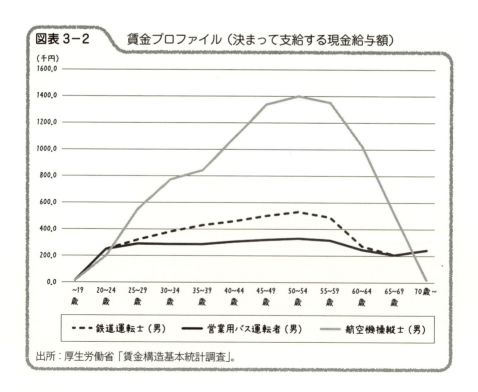

図表3-2 賃金プロファイル（決まって支給する現金給与額）

出所：厚生労働省「賃金構造基本統計調査」。

では，このように仕事によって賃金プロファイルが異なるのはなぜなのでしょうか。経済学の理論のなかで賃金プロファイルの形状を説明する仮説の一つに人的資本理論があります。この理論では，人々が教育や訓練で身につけた技能や知識によって生産性が高まり，その結果として賃金が高くなっていくと説明します。そして，技能や知識は年齢や勤続年数が長くなるほど身につくため，賃金プロファイルには傾きができるというわけです。

もし運転士の賃金プロファイルの違いを人的資本理論で説明できるならば，バスの運転手の技能や知識は年齢や勤続年数による違いがない一方で，鉄道の運転士と航空機の操縦士の技能や知識は年齢や勤続年数によって高くなるはずです。また，鉄道の運転士よりも航空機の操縦士の方が賃金プロファイルの傾きは急角度ですから，航空機の操縦士の方が技能や知識がより多く，また生産性も高いはずです。果たして，運転士の技能や知識の蓄積はどうなっているのでしょうか。

4 運転士のキャリア形成

乗客を安全に快適に正確に目的地に輸送するため，運転士はその技能を証明する資格の取得が義務付けられています。資格を取得しなければ運転士の仕事には就けませんから，まずは資格の取得から運転士のキャリアはスタートします。

4.1 運転士のキャリア形成

まず，バスの運転手の場合ですが，大型自動車第二種免許の取得が必要です。その取得は，21歳以上であること，さらに他の第二種免許を保有しているか，大型自動車第一種免許，中型自動車第一種免許，普通自動車第一種免許，大型特殊自動車第一種免許のうちいずれかを通算して3年以上（免許停止期間を除いて）保有していることが条件となっています（ただし例外規定もあります）。バス会社に入社して大型二種免許を取得するケースもありますが，今では個人

で大型二種免許を取得した後にバス会社に入社するケースが多いようです。大型トラックの運転手は大型二種免許を取得できるので，トラック運転手を経て中途採用でバスの運転手になるケースもあるようです。

　鉄道の運転士になるには，動力車操縦者運転免許の取得が必要です。この免許を取得するには，国が指定する動力車操縦者養成所で訓練を受ける必要があります。養成所は鉄道会社が設置しており，鉄道会社に入社しなければ免許取得はできません。一般的には，入社後の数年間はまず駅係員として改札やホームでの業務を経験します。これには鉄道会社の業務全体を俯瞰させるための教育訓練の意味も含んでいます。その後，車掌登用試験に合格すれば，車掌業務に関する訓練を受けて車掌となり，車掌業務を一定期間行います。

　さらにその後，運転士登用試験を受けて合格すれば運転士見習いとなり，10カ月程度の訓練を受けて免許取得を目指します。訓練では養成所で学科などを学び，学科試験に合格すれば実地訓練を受けることになります。ちなみにシミュレーターを使った訓練を行う場合があるようですが，実際の電車とはまったくの別物とのことです。それゆえ，鉄道の運転士の訓練は主に実際の電車を使って実地訓練が行われます。この実地訓練では教官と一緒に電車に乗って運転技能を学ぶことになります。

　こうして動力車操縦者運転免許を取得すれば，新米運転士として営業運転を行えるようになります。このように，鉄道会社によって若干の違いはありますが，鉄道の運転士になるには最短でも入社後5年程度はかかります。

　航空機の操縦士の場合，副操縦士から機長になるためには定期運送用操縦士免許の取得が必要です。この取得にはバスや電車などよりも長い年月がかかります。さらに，副操縦士になるにも，准定期運送用操縦士あるいは事業用操縦士免許，多発限定6，計器飛行証明，形式限定変更，そして航空無線資格など，さまざまな免許や資格を多数取得する必要があります。

　ある航空会社の場合，操縦士候補生として採用されて入社すると，1年目は各空港で地上業務を行い，2年目から訓練生として航空機の操縦などに関する座学と操縦訓練に明け暮れることになります。そして，最短の人で訓練開始から2年半後には比較的小さな航空機の副操縦士として仕事に就きます。そして，

副操縦士として10〜15年程度すると，定期運送用操縦士免許取得のための訓練と審査が行われ，40歳前後で機長になります。20歳台前半の航空機操縦士の賃金が，同年齢のバスの運転手や鉄道の運転士に比べて低いのは，この時期が訓練生だからで，利益に直結する仕事をほとんどしていないからだ，と考えられます。

　また，航空機は機種毎に免許があり，乗務する機種が変更になると，新たに免許を取得しなければなりません。定期的に行われる訓練や審査で操縦技能や知識に問題があれば，再訓練や再審査を実施し，場合によっては乗務停止になる場合もあります。さらに，健康や体力も定期的に検査され，問題があればやはり乗務停止となることがあります。操縦士が受診する航空身体検査は，機長ならば半年に一度，副操縦士は1年に一度，必ず受ける必要があります。

　このように，バスの運転手，鉄道の運転士，航空機の操縦士の順に資格取得までの期間が長くなるのですが，それは運転や操縦のための知識や技能が高度になるためです。

4.2　運転士になった後の訓練

　資格を取得し，晴れて運転士になった後も技能維持や向上のため，教育や訓練が行われます。特に，鉄道と航空機の場合には教育や訓練が計画的，定期的に行われています。

　鉄道の運転士の場合には，3カ月から6カ月間隔で座学や実技の再教育訓練が行われます。そこでは，運転士同士が運転業務中のヒヤリハット（事故の一歩手前の出来事）の経験を話し合ったり，新規車両の技術的特徴を学んだり，指導員から技能指導を受けたり，さまざまな教育訓練が行われています。また，年に一度程度で運転技能に関するコンテストを行うなどして，運転士の技能向上のモチベーションを高める工夫を図っている鉄道会社もあります。加えて，年に一度は天災に対する対応や人身事故に対する対応を，駅員など他の部署の社員と一緒に訓練するといったことも行っています。

　航空機の操縦士の場合，昇格訓練，移行訓練，定期訓練（審査を含む）があ

ります。昇格訓練は，訓練生から副操縦士になる時と副操縦士から機長になる時に行われる訓練です。訓練生から副操縦士になる時には，主として旅客機を操縦できるようになるための訓練が行われます。ところで，航空機は操縦操作を行う Pilot Flying と，その操作が間違いないかをモニタリングしチェックする Pilot Monitoring が1つとなって飛んでいます。副操縦士はこのうちの Pilot Monitoring を行い，機長を補佐して運航をサポートするのが主な業務です。しかし，機長に万が一のことがあれば，副操縦士が安全に航空機を操縦して着陸させなければなりません。それゆえ，副操縦士になるには旅客機の操縦技能を磨かねばならないのです。

　副操縦士から機長になる場合に，1年程度の昇格訓練が行われます。ですが，副操縦士も機長と同等の操縦技能は持っています。では，機長への昇格訓練では何を訓練するのでしょうか。聞けば，機長は乗務する航空機の運航すべてに関して責任を担っており，その決定権を持ちます。例えば悪天候時に目的地空港に着陸できないような場合，天候回復を上空で待つのか，それとも目的地を別の空港に変更するのか，あるいは出発地に戻るのか，いずれかの判断を機長はしなければなりません。その判断を下すプロセスの中で，機長は要因分析を行うのですが，そこに副操縦士とは大きな差が出ると言います。経験がものを言うのだそうです。こうしたことは副操縦士時代に隣の操縦席に座る機長の判断や分析からも学ぶようですが，昇格訓練ではこれを体系的に身につけることになります。

　また，機長になるには操縦技能だけでなく，運航全般に関する積極的な取組姿勢も求められます。例えば，乗客を安全に快適に正確に目的地に輸送するため，機長にはサービスの提供者としての自覚が必要だといいます。操縦技能が高くても乗客に不快な思いをさせるのはもっての外で，快適に飛ぶためにはどう操縦するかだけでなく，地上職員や客室乗務員と上手に連携することについても機長は心を配る必要があるそうです。

　移行訓練は，新たに乗務する航空機の免許を取得するための訓練です。航空機の操縦免許は機種別となっており，操縦士は1つの機種の免許しか使えません。乗務する機種が変更する度に，移行訓練を行って免許を取得する必要があ

るのです。この訓練では，その機種の特性や操縦方法，機器の操作方法などについて座学で学び，シミュレーターで操縦訓練を行うそうです。

昇格訓練や移行訓練とは別に，数カ月に1回程度で定期訓練または審査も行われています。

4.3 運転士のキャリアパス

運転士のキャリアパスをまとめると**図表3-3**のようになります。

バスの運転手の場合，路線バスの運転手が社内試験を受験して高速バスや貸切（観光）バスの運転手になるといった以外に，運行管理者や営業所長になる場合もあります。しかし，運行管理者や営業所長になる人は多くはありません。

鉄道の運転士の場合，運転士には指導運転士や主任運転士といった社内資格があり，それぞれ社内試験を受験します。試験に合格すれば，指導運転士や主

図表3-3　運転士のキャリア

バスの運転手	鉄道の運転士	航空機の操縦士
	駅長，運転指令など	
	↑	
	助役	管理職
	↑	↑
	主任運転士	教官機長，査察操縦士
	↑	↑
運行管理者，営業所長	指導運転士	機長
↑	↑	↑
（高速バス・観光バス）	運転士	副操縦士
↑	↑	↑
運転手	車掌	訓練生
↑	↑	↑
運転手見習い	駅員	地上職

任運転士になります。これとは別に，技能の高い運転士は，選抜されて特急の運転士になります。その後，助役や駅長などの仕事に就く人もいますが，定年まで運転士として活躍する人も多くいます。また，車両基地で車両点検（機器メーターやブレーキなどのチェック）や車両の入換作業（車両の連結や分割作業）を行う構内運転士へ異動する場合もあります。ある会社では，構内運転士が運行する電車編成を決定していました。検査などで運行できない電車もある中で，ダイヤに合わせて電車を編成するのですが，最適な車両運用を実現するには特殊な技能が必要だそうです。このため，構内運転士に必要なスキルは運転技能よりも車両運用のスキルだということです。

　航空機の操縦士の場合，副操縦士から機長になるのが一般的ですが，機長の中には教官機長や査察機長になるケースもあります。教官機長は訓練生や副操縦士を指導育成する機長で，査察機長は他の機長の技能や知識などを審査する機長です。上記の通り，操縦士は定期的に操縦技能や知識について審査を受けています。その審査を行うのが査察機長です。教官機長も査察機長もそれぞれ専門的な訓練を受けて，その資格を取得することになります。なお，教官機長や査察機長とは別に，組織のマネジメント職に就く人もいます。

5　キャリアと賃金プロファイルの関係

　以上で見てきたように，鉄道の運転士や航空機の操縦士には，資格を取得する前も後も長期にわたる教育や訓練が行われていました。そうした教育や訓練は，運転士の技能を高め，安全で快適で正確な鉄道や航空機の運行を可能にし，会社の利益に貢献しています。そこで，運転士や操縦士の長期にわたる教育や訓練に対するモチベーションを高めるために，それぞれの会社では給与制度や評価制度に工夫をしています。

　鉄道の運転士の場合，ある会社の給与は，年齢で決まる本給と職務で決まる職務給で構成されていました。本給は定期的に昇給します。職務給は，運転士，指導運転士，主任運転士の三段階があります。昇格は基本的には経験年数で決まりますが，以下で述べる評価によっても左右されます。同じ経験年数でも評

価点が高ければ、より高位の職務に就けるからです。

　運転士に対する評価は、ある会社の場合には評価シートがあり、事故防止に対する姿勢、健康維持といった自己管理、お客様対応、職場をうまく運営していくのに求められる積極性や協調性、といった要素で評価されていました。運転技能は評価の対象にはなっていません。それは鉄道を運転する最低水準の技能は持っているからであり、それ以外の要素が運転士にとっては大事だからだそうです。実際の評価は、管理職が営業運転中の鉄道に抜き打ちで添乗し、指導しながら行うそうです。鉄道に乗っていると、たまに運転士の横に立つ社員の姿を見かける時がありますが、それが指導と評価を行っている時だそうです。

　航空機の操縦士の給与は、訓練生、副操縦士、機長のそれぞれに賃金テーブルがあり、経験年数で給与が決まっています。給与には後に説明する評価も影響します。また、飛行時間に応じて支払われる手当もあります。

　操縦士に対する評価は、鉄道の運転士と同様に、社員として組織にどれだけ貢献しているかという観点から評価され、操縦技能については評価されません。ただし、副操縦士から機長へ昇格する際などは、定期訓練などで評価される操縦技能によって昇格かどうかが決まるそうです。ちなみに機長を経て部長など組織の管理職に就く人たちの操縦技能は高いというのですが、それは操縦士の組織をまとめる管理職の技能が低ければマネジメントできないからだそうです。

　最後に、バスの運転手の給与体系と評価制度についてですが、一部のバス会社を除いて、あまり体系だって整備されてはいないようです。給与体系などが整備されていても、定期的に昇給する制度がある会社は少ないようです。

6　むすびに

　ひとやものを運ぶ仕事には全雇用者の20人に一人が就いています。本章では、そのなかでも運転士の仕事に注目し、バスと鉄道、そして航空機の運転士の賃金プロファイルの違いがなぜ生まれるかを見てきました。

　端的に言えば、バスに比べて、鉄道の運転士や航空機の操縦士の技能には、長期にわたる教育や訓練が必要で、とりわけ航空機の操縦士は取得するべき資

格も多く，教育や訓練の頻度が高いということです。こうした差が賃金プロファイルの差となって現れているのです。

　本章でわかったことのもう一つは，運転士は運転する技能が高いだけでは駄目だという点です。鉄道の運転士は社員として組織にどれだけ貢献しているかといった要素で評価されており，運転技能は評価の直接的対象ではなかったのです。

　ところで，コンピュータ技術の発達などで，自動車や鉄道，そして航空機の自動運転技術が最近では注目を浴びています。自動運転技術が飛躍的に高まれば，運転士は必要なくなるかもしれないとも言われています。しかし今のところ，現場の声は自動運転技術に懐疑的なようです。というのも，曜日や時間帯で乗客数は大きく変動し，道路や路線の状況も変化し，天候も刻々と変化する中で，自動運転技術が運転することができたとしても，安全性や快適性まで確保できるかどうかには疑問の余地があるからです。

　いま，規制緩和やインバウンド需要の増加で，運転士の要員不足が問題となっています。いまは要員確保できている会社でも，将来的には不足する可能性は高いようです。乗客を目的地まで安全に正確に快適に輸送するための技能を運転士が身につけるためには長い期間を必要とします。今後の公共交通機関を考えるうえで，運転士の技能形成をどうしていくかは，非常に重要な課題なのです。

第 4 章

ものやサービスをつなぐ仕事
―――情報通信技術で活躍する人たち―――

　近年の大きな技術革新に情報通信技術がある。この情報通信技術を支えている職業の代表がシステムエンジニアやプログラマーといったIT技術者である。本章では，システムエンジニアやプログラマーの仕事内容や労働者数，賃金の推移を見た後に，情報通信技術化が金融業・保険業の職場や雇用に与えた影響について考察する。特に，2000年前後のIT化黎明期に情報通信技術化が金融業・保険業の雇用に与えた影響について考察する。データで確認すると，金融・保険業は卸売・小売業，飲食店の次にIT化による雇用削減効果が大きく，技術革新によって，金融・保険業の雇用は大きな影響を受けたことがわかる。

代表的な職業・職種

システムエンジニア，プログラマー，ファイナンシャルプランナー，証券アナリスト，為替ディーラー

Key Words

技術革新，情報通信技術（ICT），スキル偏向的技術進歩（SBTC），代替効果，FinTech

職業シェア

3%
SE（情報通信業の技術者），金融保険事務従事者

1 ものやサービスをつなぐ仕事の特徴

　普段，私たちは銀行等の金融機関のATMを使用し，お金の出し入れを行っています。ATMの登場以前は，金融機関の窓口で出入金管理を行っていましたが，現在ではさらに，ATMを利用せずとも自宅に居ながらインターネットを使用した出入金管理も一般的になっています。このような技術革新を支えている職業の代表がシステムエンジニアやプログラマーです。

　本章では，ものやサービスをつなぐ仕事の代表として，システムエンジニアやプログラマーといったIT技術者に着目します。また，金融業・保険業への情報通信化の影響についても考察していきたいと思います。

1.1 技術革新の進展

　私たちの生活は常に技術革新と隣り合わせです。電話を例に考えてみましょう。電話の発明以前は手紙や電報などが主な通信手段でしたが，電話の発明以後，固定電話が家庭や職場に普及しました。しかし，近年は固定電話の保有世帯は減少の一途を辿っています。総務省「通信利用動向調査」によると，2015年末の世帯保有率は75.6%と2005年末の90.7%からの10年間でおよそ15ポイントも減少しました。

　反対に増加しているのが携帯電話・PHSやスマートフォンです。携帯電話・PHSの世帯保有率は2015年末には95.8%と固定電話を20ポイント上回っており，現在では固定電話よりも携帯電話・PHSの方が広く普及していることがわかります。

　さらに，スマートフォンの個人保有率は53.1%まで上昇し，はじめて半数を超える人がスマートフォンを保有することになりました。スマートフォンでニュースを見たり，テレビや映画，動画サービスを利用したり，さらにはネットバンキングの発達によって，スマートフォンでも出入金が可能になるなど，技術革新は私たちの生活の一部になっているといっても過言ではないでしょう。

このような情報通信技術（information and communication technology：ICT）の発達を支えている職業がシステムエンジニアやプログラマーといったIT技術者です。それでは，これからIT技術者の仕事内容や賃金，就業者数などを見ていきましょう。

1.2　ものやサービスをつなぐ職業

総務省統計局が5年に一度実施している「国勢調査」によると，2015年のシステムコンサルタント・設計者は約53万2,000人，ソフトウェア作成者は約28万8,000人でした。「システムコンサルタント・設計者」という職業は，2005年の調査までは「システムエンジニア」と呼ばれていた職業ですが，2009年の「日本標準職業分類」の改訂に伴い，2010年の調査から「システムコンサルタント・設計者」という分類になりました。

同じく，「ソフトウェア作成者」とは，2005年の調査までは「プログラマー」と呼ばれていた職業で，こちらも2010年の調査から「ソフトウェア作成者」という分類に変更になりました。これらの名称変更の背景には，この分野が高度化・専門化を深めていることなどが理由としてあったようです。それでは，システムコンサルタント・設計者，ソフトウェア作成者という職業に就いている方は増加しているのでしょうか，それとも減少しているのでしょうか。「国勢調査」によると，システムコンサルタント・設計者は比較可能な前回の2010年の調査の約46万1,000人からおよそ15%増加し，反対にソフトウェア作成者は約32万4,000人からおよそ11%減少しました。

システムコンサルタント・設計者やソフトウェア作成者だけでなく，より広義のIT技術者（1985年〜2000年は「情報処理技術者」，2005年は「システムエンジニア」と「プログラマー」の合計，2015年は「システムコンサルタント・設計者」，「ソフトウェア作成者」，「その他の情報処理・通信技術者」の合計）に着目すると1985年の約32万1,000人から2015年の約104万5,000人と30年間で3倍以上増加しています。

さらに電気・電子技術者などを含めてIT技術者を捕捉すると（1985年は

「情報処理技術者」,「電気技術者」,1990年〜2000年は「情報処理技術者」,「電気・電子技術者」,2005年は「システムエンジニア」,「プログラマー」,「電気・電子技術者」,2015年は「システムコンサルタント・設計者」,「ソフトウェア作成者」,「その他の情報処理・通信技術者」,「電気・電子・電気通信技術者（通信ネットワーク技術者を除く）」の合計）は，1985年の約61万6,000人から2015年の約134万3,000人とこちらも30年間で2倍以上増加していることがわかります。

　以下，本章では社会一般に広く浸透していると考えられる「システムエンジニア」と「プログラマー」という名称を使用し，両職業について取り上げます。

　まず，システムエンジニアやプログラマーとは，具体的にどのような職業なのでしょうか。労働政策研究・研修機構『職業レファレンスブック』によると，システムエンジニアは「コンピュータのハードウェアやソフトウェア，通信システムなどを組み合わせたコンピュータシステムを設計，構築，保守する業務を行う」職業とされています。

　また，プログラマーは「システムエンジニアが作成したシステム設計書をもとに，プログラム設計書を作成する。また，プログラム設計書に基づき，プログラム言語を用いた命令を記述し，各種テストを行ってプログラムを作成する業務を行う」職業です。

　システムエンジニアがシステムの概要設計書やプログラムの仕様を設計し，プログラマーが実際のプログラムを作成・テストを行い，プログラムの修正を行います。システムエンジニアは必要に応じて，プログラマーの指導やユーザーや顧客との調整なども行いながら，システム全体を構築していきます。以上が一般的なシステムエンジニアとプログラマーの仕事内容です（**図表4-1**）。

図表4-1　システムエンジニアとプログラマーの役割

出所：筆者作成。

2 IT技術者と労働市場

近年の情報通信技術の進歩を支えている代表的な職業であるシステムエンジニアとプログラマーの賃金の経年変化など，基本的な労働市場における現状を厚生労働省「賃金構造基本統計調査」を用いて概観していきましょう。

2.1 賃金と就業者数

図表4-2は「賃金構造基本統計調査」から，システムエンジニアとプログラマーの所定内給与および労働者数の推移を示したものです。「国勢調査」ではなく，「賃金構造基本統計調査」を用いる理由は，①職業の定義に変更がないこと，②毎年調査されていること，の2点から経年変化について考察するに

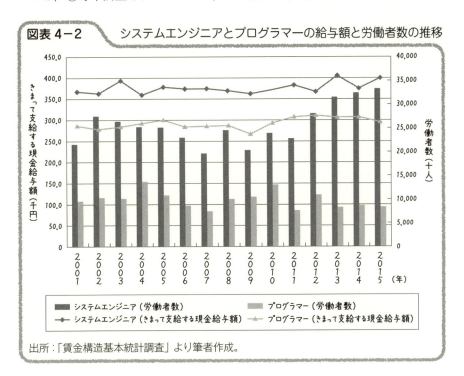

図表4-2　システムエンジニアとプログラマーの給与額と労働者数の推移

出所：「賃金構造基本統計調査」より筆者作成。

は「賃金構造基本統計調査」を用いる方が適切であると考えられるためです。

図表4-2を見ると，システムエンジニアの労働者数は2001年の約21万6,000人から2015年の約33万5,000人と15年で1.5倍以上に増加しているのに対し，プログラマーはピークである2004年の約13万7,000人から2015年の約8万4,000人と40％近く減少しています。実際のプログラミング作業を主に行うプログラマーは国外へのアウトソーシングなどが行われているのかもしれません。

次に，きまって支給する現金給与額を見ると，システムエンジニアとプログラマーともに，緩やかに増加傾向にありますが，システムエンジニアの給与の方がより増加していることが見て取れます。システムエンジニアは2001年の36万7,600円から2015年の40万0,600円とおよそ9％増加したのに対し，プログラマーは2001年の28万8,000円から2015年の29万9,100円とおよそ4％の増加にとどまっています。

労働供給量である労働者数の増加と賃金の増加が同時に起きているということは，労働市場におけるシステムエンジニアの労働需要が大幅に増加していることを示唆しています。一方，プログラマーは労働供給量である労働者数が減少しましたが，賃金も増加していますので，労働需要はおおよそ一定であることを示唆しています。システムエンジニアとプログラマーは同じIT技術者ですが，システムエンジニアの需要は増加し，プログラマーの需要はあまり変わらずと，置かれている状況は大きく異なっているようです。この点は2.2項で詳しく見ていきます。

次に，厚生労働省「賃金構造基本統計調査」を用いて，システムエンジニアとプログラマーの賃金プロファイルを見ていきましょう（**図表4-3**）。

2015年の年齢階級別の所定内給与額を男女別に見ると，システムエンジニアは男女ともに55-59歳が賃金のピークであるのに対し，プログラマーは男女ともに50-54歳で一度ピークを迎えていることがわかります。システムエンジニアは設計書を作成したり，プロジェクトの指揮を取る立場になることが多くなるなど，より高度なスキルの蓄積が要求されるために，プログラマーよりも賃金のピークが遅いのかもしれません。

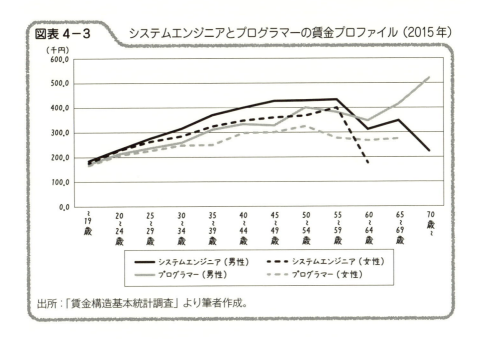

図表4-3 システムエンジニアとプログラマーの賃金プロファイル（2015年）

出所：「賃金構造基本統計調査」より筆者作成。

　ただし，60歳以降の賃金の下がり方はシステムエンジニアの方がプログラマーよりも大きく，男女ともにプログラマーの賃金がシステムエンジニアを上回るようになります。これは60歳を超えても働き続けているプログラマーにはスペシャリストが多く，古いプログラミング言語を含めてさまざまな言語を使用するスキルを備えていたりすることが寄与しているのかもしれません。高いスキルを持つプログラマーは年齢に関係なく，仕事が評価されることが推察されます。いずれにしてもシステムエンジニアとプログラマーは，賃金プロファイルを見てもそのキャリアは異なることが推察されます。

2.2　雇用と賃金の決まり方

　前項では，近年，システムエンジニアの労働需要が増え，プログラマーの労働需要はあまり大きく変わっていない可能性を指摘しました。ここでは，雇用と賃金の決まり方について紹介し，システムエンジニアの労働需要が増え，プ

ログラマーの労働需要は横ばいであるとしたメカニズムについて考えていきたいと思います。

まずは，働く人は，どの程度働くのかをどのように決めているのでしょうか。経済学では，「労働」というサービスを提供することで賃金を得ている労働者は，ある賃金が与えられた時に自身の効用が最大になるよう，余暇時間と所得で実現する消費の組み合わせを選択すると想定します。例えば，時給1,000円で1週間に10時間働くことを選択した人は，9時間や11時間よりも10時間働くことが最も満足度が高いために，10時間という時間を選んでいると解釈できます。

では，時給が1,000円から1,200円に上がった場合に労働時間はどのように変化するでしょうか。その場合，2つの異なる効果が働くと考えられます。一つは，時給が増加したので，労働時間を減らして余暇時間を増やそうとする所得効果と呼ばれる効果です。もう一つは，時給が増加したので，余暇時間を犠牲にしてでもより多く働こうとする代替効果と呼ばれる効果です。時給が増えたときに，労働時間がどのように変化するかは所得効果と代替効果の大小関係によって決まると考えられます。

通常は時給がかなりの水準まで上がらない限り代替効果が所得効果を上回ると考えられるため，時給が上がると労働時間は増えると想定されます。つまり，縦軸に賃金，横軸に労働時間を取ると，労働供給曲線は右上がりの関係になることがわかります。

次に，企業はどのように雇用者数を決めているのか，労働需要側から考えてみましょう。企業は，「労働」という資本を活用することで商品やサービスを生産しています。そして，企業は，単純化のため資本コスト等はないものと仮定すると売上から労働コスト（人数×賃金）を引いた利潤が最大になるように行動すると考えられます。

では，労働者に支払う賃金が上がったとすると，企業はどのように行動するでしょうか。ここでも労働供給と同様に2つの異なる効果が働くと考えられます。一つは，労働コストが増加したので，雇用量を減らして利潤を確保しようとする規模効果と呼ばれる効果です。もう一つは労働コストが増加したので，

雇用量を減らして資本設備を増やそうとする代替効果と呼ばれる効果です。

　今回は労働供給側と異なり，いずれの効果も企業は賃金が上がると雇用量を減らすと考えられるため，賃金が上がると雇用者数は減少すると考えられます。つまり，縦軸に賃金，横軸に雇用者数を取ると，労働需要曲線は右下がりの関係になることがわかります。

　以上を一般化し，縦軸に賃金（w），横軸に雇用量（L）を取ると，労働供給曲線（S）は右上がり，労働需要曲線（D）は右下がりの関係となります。それでは，今見てきた図式を用いて，システムエンジニアとプログラマーの労働需要，労働供給について考えてみましょう（**図表 4 - 4**）。

　システムエンジニアは 2001 年から 2015 年にかけて労働者数が増加していますから，初期時点での均衡点を①とすれば，S1 から S2 に労働供給曲線が右にシフトし，均衡点は②に移動すると考えられます。①と比べると②の地点では，賃金は低下していますが，システムエンジニアの賃金は 2001 年から 2015 年にかけて上昇しました。したがって，システムエンジニアの労働需要が増加（労働需要曲線が D1 から D2 に右にシフト）し，均衡点が①から②ではなく，①から③に移動したと解釈できます。

　次に，プログラマーの需要と供給について見ていきましょう。初期時点での均衡点を④とすると，プログラマーは 2001 年から 2015 年にかけて労働者数が減少していますから，S3 から S4 に労働供給曲線が左にシフトし，均衡点は⑤に移動すると考えられます。⑤の地点では，労働需要がおおよそ一定であれば，賃金は上昇すると考えられますが，プログラマーの賃金は 2001 年から 2015 年にかけて実際に上昇しました。したがって，均衡点が④から⑤に移動したと解釈できます。

　このように，需要と供給という概念を使うことによって，労働市場で起きている現象をわかりやすく描写し，分析することができるようになります。本項で扱った議論の詳細に関心のある方は，太田・橘木［2012］などの労働経済学の教科書を参照してください。

図表4-4　システムエンジニア・プログラマーの需要と供給

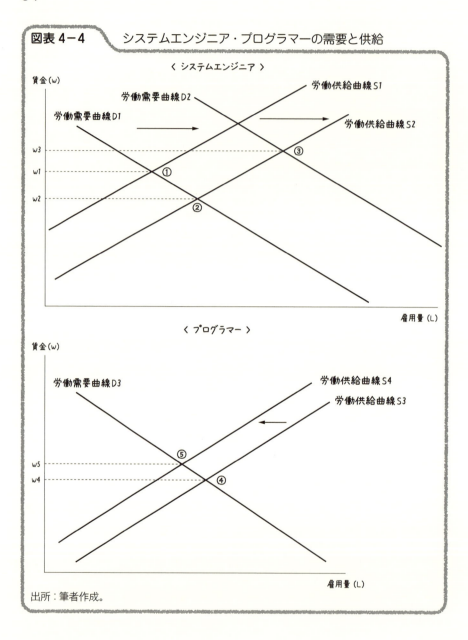

出所：筆者作成。

3 情報通信技術化が金融業・保険業に与えた影響

本節では，情報通信技術化が金融業・保険業の職場や雇用に与えた影響について考察していきます。近年『機械との競争』(2013年)，『テクノロジーが75％の雇用を奪う』(2015年)，『ザ・セカンド・マシン・エイジ』(2015年)，『ロボットの脅威』(2015年)など人工知能（AI）をはじめとする情報通信技術化などの技術革新が雇用を減らす可能性を危惧する本が立て続けに出版されました。こうした技術革新は2.2項で議論した代替効果と解釈できます。情報通信技術化などの技術革新は雇用を減らす方向に働くのでしょうか。本節では，アンケート調査の結果を用いて考察していきたいと思います。

3.1 金融業・保険業と情報通信技術化

まず，金融業・保険業の賃金，労働者数についてみていきましょう。「賃金構造基本統計調査」から金融業・保険業の賃金の推移を見ると，きまって支給される現金給与額は2001年の38万7,000円から2015年の40万6,400円とおよそ15年間で5％近く増加しています。その一方で，労働者数は2001年の約98万9,000人から2015年の約95万6,000人まで3％近く減っています。この労働者数の減少はどのような意味を持つのでしょうか。

金融機関はシステム開発に非常に多くの投資をしています。『平成29年版金融情報システム白書』によると，1金融機関あたりのシステム関連経費額(2015年)は都銀・信託が435.3億円，地銀が58.8億円，第二地銀が28.7億円，信金が6.5億円，信組が2.0億円となっています。また，具体的にどのような分野に重点的に投資を予定しているのかを見ると，「営業店端末システム」，「勘定系基幹システム」，「ATMシステム」，「社内ネットワーク」，「渉外支援システム」，「為替集中管理システム」という順になっています（『平成28年版金融情報システム白書』）。

このようにシステム関連に多くの投資を行っている金融業では，代替効果が

強く働くために他の産業よりも雇用を削減している可能性があります。そこで，次に金融業・保険業における情報通信技術化が雇用に与えた影響について他の産業と比較をしながら考えていきましょう。

3.2　スキル偏向的技術進歩

本項では，2000年前後のIT化黎明期に着目し，金融業・保険業における情報通信技術化が金融業・保険業の職場や雇用に与えた影響について他の産業と比較しながら考察していきます。2000年前後の動向に着目する理由は，2000年以降大卒者と高卒者の賃金格差が急速に拡大したことが知られており（川口[2010]），2000年前後が技術革新の大きな分岐点となっている可能性が高いとされているためです。

図表4-5は，大卒・高卒賃金格差を男女別に示しています。具体的には，「賃金構造基本統計調査」から残業代込みの年平均給与額に前年の賞与額など特別給与額の12分の1を足したものを残業時間込みの労働時間で割って時間

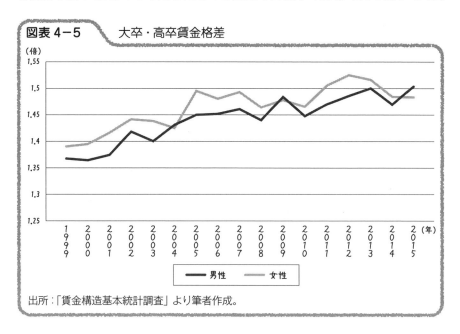

図表4-5　大卒・高卒賃金格差

出所：「賃金構造基本統計調査」より筆者作成。

あたりの賃金を計算しています。**図表 4-5** で示したように，大卒者と高卒者の賃金格差の拡大傾向は現在でも続いており，2015 年では男性が 1.50，女性が 1.48 とおよそ 1.5 倍の格差がついていることがわかります。

2000 年以降の賃金格差の主因としてしばしば指摘されるのが，スキル偏向的技術進歩（skill-biased technological change：SBTC）です。スキル偏向的技術進歩とは，IT 化やコンピュータ化に代表される技術進歩によって高技能労働者の生産性が上昇した一方で，低技能労働者の生産性は上がらず，技能の高低により賃金格差が拡大したという理論です（スキル偏向的技術進歩に関しても太田・橘木［2012］に説明がありますので，参考にしてください）。そこで，現在につながる IT 化の黎明期ともいえる 2000 年前後の情報通信技術化が金融業・保険業の雇用に与えた影響に着目し，考察していきます。

3.3　情報通信技術化と雇用

分析に使用するデータは，『IT 活用企業についての実態調査，2000』（労働政策研究・研修機構，寄託時：日本労働研究機構）です。

このミクロデータを用いて，情報通信技術化が金融業・保険業に与えた影響について他の産業と比較をしながら考察していきます（以下，『IT 調査』と略します）。『IT 調査』は，IT 化による雇用削減効果，雇用拡大効果等について調査するために，全国の従業員規模が概ね 300 人以上の企業 1 万社に調査が実施されました（有効回収数 1,637 社で有効回答率は 16.4% でした）。

まず，IT 化による雇用削減効果について見ていきたいと思います。2.2 項で代替効果について紹介しましたが，IT 化などによって雇用量を減らした企業があるかもしれません。『IT 調査』では，「IT 化による，貴社の従業員（正社員）数の変化についてうかがいます。IT 化による雇用の削減効果のうち，貴社の状況に最も近いものをひとつ選び，○をつけてください」という設問があります。その中で「定型的業務の IT への代替等を進めたことにより，雇用の削減効果があった」と回答した割合を業種別に示したものが**図表 4-6** の左側の数値です。業種が複数の業種にまたがる場合には，年間売上高の最も多いも

図表 4-6　IT化の雇用への影響

「雇用削減効果があった」と回答した割合(%)		「雇用拡大効果があった」と回答した割合(%)	
卸売・小売業，飲食店（n=284）	18.66	サービス業（n=295）	10.17
金融・保険業（n=104）	18.27	製造業（n=548）	5.84
建設業（n=120）	16.00	その他（n=91）	4.40
運輸・通信業（n=131）	14.50	運輸・通信業（n=124）	4.03
製造業（n=568）	13.73	卸売・小売業，飲食店（n=274）	3.65
サービス業（n=306）	9.80	金融・保険業（n=97）	3.09
その他（n=96）	9.47	建設業（n=120）	0.83

出所：『IT調査』より筆者作成。

の1つを選択するように設計されています。

　最も雇用の削減効果が大きかった業種は，「卸売・小売業，飲食店」で18.66%の企業が雇用削減効果があったと回答しています。次に，回答割合が高かったのが「金融・保険業」で18.27%の企業が雇用削減効果があったと回答しました。「金融・保険業」はIT化によって雇用が削減された，つまり代替効果の強い業種であることがわかります。

　それでは，具体的に，どのような業務で雇用が削減されたのでしょうか。『IT調査』によると，「金融・保険業」で最も削減効果が大きかった業務は「営業・販売」で47.37%の企業が挙げています。2番目に削減効果が大きかった業務は「総務・人事」（26.32%）でした。ここから，特に営業や販売の業務が情報通信技術化されたと考えられます。推測の域を出ませんが，インターネット上での営業・販売が可能となり，対人業務による営業・販売業務が削減された可能性が推察されます。

　次にIT化による雇用拡大効果について見ていきたいと思います。IT化は雇用削減効果だけでなく，雇用拡大効果をもたらす可能性もあります。例えば，IT化によって業務の効率化が進展した結果，業績が拡大し，雇用が増加する可能性などがあるかもしれません。

　『IT調査』では，「IT化による，貴社の従業員（正社員）数の変化についてうかがいます。IT化による雇用の拡大効果のうち，貴社の状況に最も近いも

のをひとつ選び，○をつけてください」という設問があり，雇用拡大効果についても検証することができます。その中で「IT 関連の商品やサービスの拡大あるいは創出によって，雇用の拡大効果があった」，「IT 化による価格低下や品質向上等が，売上増加に寄与したことから，雇用拡大効果があった」と回答した割合を業種別に示したものが**図表 4 - 6** の右側の数値です。

最も雇用の拡大効果が大きかった業種は，「サービス業」で 10.17% の企業が雇用拡大効果があったと回答しています。サービス業では，雇用削減効果（9.80%）よりも雇用拡大効果（10.17%）の方が大きかったと回答した企業が多いことがわかります。

「金融・保険業」で雇用拡大効果があったと回答したのは 3.09% の企業にとどまり，建設業の次に雇用拡大効果が小さい業種でした。「サービス業」を除いて，どの業種でも雇用の削減効果が雇用の拡大効果を上回っていますが，特に「金融・保険業」では IT 化によって雇用の削減効果が大きい業種の一つであることがわかります。ちなみに，「金融・保険業」で最も雇用拡大があった業務は「情報処理・情報システム」という回答でした。1.2 項でシステムエンジニアの雇用が増加していることを示しましたが，IT 化によって雇用を削減している「金融・保険業」であっても「情報処理・情報システム」の雇用は拡大したようです。

以上，『IT 調査』を基に IT 化による雇用への影響について見てきました。本項で見てきた『IT 調査』は調査時期が 2000 年であり，現在に至る情報通信技術化の黎明期の職業特性，職場・雇用への影響を捕捉することができました。近年の IT エンジニアの職業特性や情報通信技術化が金融業等に与えた影響については，今後の新しい調査による検証が必要不可欠だと思います。

4 情報通信技術化と雇用の未来

　本章では，ものやサービスをつなぐ仕事としてシステムエンジニアやプログラマーといったIT技術者を取り上げ，その後，情報通信技術化が金融業等に与えた影響について考察しました。

　最後に，現在注目を集めつつあるFinTech（フィンテック）について紹介したいと思います。FinTechとは，FinanceとTechnologyを掛け合わせた造語で，情報通信技術を用いて新しい金融サービスを生み出そうとする動きのことです。具体的には，人工知能（AI）が決済データなどを基に自動的に融資額を決定する融資システムやデータの改ざんが困難なデータベース技術であるブロックチェーンを活用した暗号通貨など，情報通信技術化が金融業・保険業により大きな影響を与えつつあります。

　例えば，ビットコインをはじめとする仮想通貨が広く普及することになれば，金融機関を介さずに生産者と消費者，あるいは消費者同士が直接決済することが可能となるため，金融機関の雇用にも大きな影響があるかもしれません。日本ではまだFinTechへの投資額はアメリカ，イギリス，中国などの国々と比べると遅れを取っていると言われていますが，今後はFinTechをはじめとする情報通信技術の発展が金融業・保険業に与える影響は大きくなることが予測されます。それに伴い，情報通信技術化が雇用削減効果をもたらすのか，雇用拡大効果をもたらすのか，雇用に与える影響についても注視していく必要があるといえそうです。

（付記）　本章の作成に当たり，東京大学社会科学研究所附属社会調査・データアーカイブ研究センターSSJデータアーカイブから『IT活用企業についての実態調査，2000』（労働政策研究・研修機構，寄託時：日本労働研究機構）の個票データの提供を受けました。ここに記して，感謝申し上げます。

参考文献

太田聰一・橘木俊詔［2012］『新版労働経済学入門』有斐閣。
川口大司［2010］「大学進学率と賃金格差」日本経済新聞，2010年9月15日朝刊。
金融情報システムセンター編［2015］『平成28年版金融情報システム白書』財経詳報社。
金融情報システムセンター編［2016］『平成29年版金融情報システム白書』財経詳報社。
労働政策研究・研修機構編［2004］『職業レフェレンスブック』労働政策研究・研修機構。
Brynjolfsson, E. and McAfee, A. [2011] *Race Against The Machine: How the Digital Revolution is Accelerating Innovation, Driving Productivity, and Irreversibly Transforming Employment and the Economy*, Digital Frontier Press（村井章子訳（2013）『機械との競争』日経BP社）。
Brynjolfsson, E. and McAfee, A. [2014] *The Second Machine Age: Work, Progress, and Prosperity in a Time of Brilliant Technologies*, W. W. Norton & Company（村井章子訳（2015）『ザ・セカンド・マシン・エイジ』日経BP社）。
Ford, M. [2009] *The Lights in the Tunnel: Automation, Accelerating Technology and the Economy of the Future*, Acculant Publishing（秋山勝訳（2015）『テクノロジーが雇用の75%を奪う』朝日新聞出版）。
Ford, M. [2015] *The Rise of the Robots: Technology and the Threat of Mass Unemployment*, Oneworld Publications（松本剛史訳（2015）『ロボットの脅威―人の仕事がなくなる日』日本経済新聞出版社）。

第5章

ものを売る仕事
デパート，スーパー，コンビニで活躍する人たち

　販売店員は一見すると同じような仕事をしているようだが，実際には業態によって大きく異なっている。百貨店や専門店で働く販売店員には客のニーズに応えるための深い商品知識と高度な接客技術が求められる。しかし，スーパーやコンビニの店員には商品知識や接客技術はあまり求められていない。このことがスーパーやコンビニでパート・アルバイトが多く，教育や訓練が百貨店や専門店ほど行われない理由の一つになっているようだ。

代表的な職業・職種
販売店員，レジ担当者，スーパーの売り場担当者，コンビニの店員

Key Words
豊富な商品知識，レベルの高い接客，レジ業務，主婦が来たくなる，主婦が来やすい店，顧客接点の最前線，パートや契約社員の戦力化

職業シェア

13%
販売

1　小売業の特徴

　新潟県糸魚川市から長野県松本市に至る千国街道は塩の道として知られています。日本海側からは塩や海産物が，内陸側からは獣肉や木材などが運ばれたと言われる道です。古代から物産は日本全国で流通していましたが，物流が活発になると全国各地で市が立つようになり，市場が整備されるようになりました。さらに時代が進み，大陸から貨幣が伝えられるようになると，市場では活発な取引が行われるようになりました。こうして，ものを売ったり買ったりすることを専業にする市人と呼ばれる人々が現れるようになります。この市人が商人の原型だと考えられています。

　その後，時代は進んで江戸時代にもなると，米商人や呉服商，廻船問屋などの中から大商人が生まれました。こうした大商人が興した商いが源となって，今でも経営を続けている会社は少なからずあります。例えば江戸の大店だった三井呉服店は現在の三越ですし，現在の百貨店は江戸時代や明治時代に呉服店として開業して今にいたっているところが多いようです。

　ところで，昭和時代の小売業の多くは小規模な店で自営業として商いをしていました。今ではシャッター商店街などとも言われますが，買い物客で溢れていた時代もありました。

　しかし，1960年代ごろから大規模なスーパーマーケット（スーパー）が出現するようになると，徐々に小売業の形態が変わってきました。1972年には，全国チェーンのスーパーだった当時のダイエーの売上が，百貨店トップだった三越を抜くほどまでとなり，スーパー全盛時代を迎えるようになります。

　ところが，1973年に大規模小売店舗法が施行され，1,500㎡以上の大型店舗の新増設は規制されるようになります。さらに1979年に大規模小売店舗法は改正されて，規制対象となる店舗面積が500㎡以上となり，営業日数や時間も規制されるようになります。これにより，スーパーの新増設は抑制されるようになりましたが，一方ではコンビニエンス・ストア（コンビニ）の開店が進みます。

こうして小売業は，百貨店，スーパー，コンビニといった大規模店やチェーン店が増加しました。さらに近年では，家電販売店や衣服専門店が大型専門店となって増加したり，郊外型ショッピングモールやアウトレットモールなども増加したりしていて，自営の小売業者はますます減少しています。

2　小売業に携わる人

総務省統計局の「国勢調査」によると，小売業に従事する役員を除いた雇用者は2015年10月時点で546万4,700人余りとなっています。このうち，野菜や肉，鮮魚，あるいは酒類や菓子・パンといった食料・飲料品の小売業に従事する雇用者が206万6,200人と際立って多く，衣服や身の回り品などを扱う小売業の従事者が50万7,000人，衣・食・住にわたるさまざまな商品を一括して扱う百貨店などの雇用者が46万6,900人となっています。これ以外に小売業には，自動車や機械器具を販売する「機械器具小売業」，家具，医薬品・化粧品，書籍・文房具，スポーツ用品・がん具・楽器等を販売する「その他の小売業」が含まれます。2015年の役員を除く雇用者総数は4686万8,900人なので，小売業の雇用者シェアは8.6%ほどになり，製造業に次いで二番目に多い業種となります。

では，小売業にはどのような仕事があるのでしょうか。

一番に思い浮かぶのは，客に商品を売っている販売店員でしょう。しかし，ものを売る仕事は，売るための商品がなくては成立しません。自社で商品を作り，製造から販売までを一貫して行っている会社もありますが，多くの小売業は外部から商品を仕入れて販売しています。商品を仕入れるのに必要なのが，マーチャンダイジングと呼ばれる商品企画や商品計画を立てる人で，さらには仕入れ担当者であるバイヤーと呼ばれる人たちです。さらに，小売業にも総務・人事・経理などの管理部門，経営企画部門やシステム部門，そして商品配送など物流部門で働く人もいます。

「日本標準職業分類」で小売業の仕事を見ると，商品を販売する仕事に就いている「商品販売従事者」と，売買の取り次ぎや斡旋あるいは売買の代理を行

う「商品販売類似職業従事者」の2つに分類されていることがわかります。前者の商品販売従事者は,「小売店主・店長」,「卸売店主・店長」,「販売店員」,「商品訪問・移動販売従事者」,「再生資源回収・卸売従事者」,「商品仕入外交員」に分類されます。本章で主に見ていくのは販売店員ですが,キャリアアップするなかで,店長や商品訪問・移動販売従事者,あるいは商品仕入外交員の仕事に就く人もいます。ちなみに,「商品販売類似職業従事者」は「不動産仲介・売買人」や「保険代理・仲立人(ブローカー)」,「有価証券売買・仲立人,金融仲立人」などです。なお,営業の仕事も"ものを売る"という点では商品販売従事者同様ですが,商品を携行せずに勧誘・交渉・受注・契約締結を行うという点で区別されています。

では,販売店員は日本全体で何人くらいになるでしょうか。**図表5-1**は総務省統計局の「国勢調査」で,販売店員の人数の推移を見たものです。国勢調査は西暦の末尾が0と5がつく年に実施されますから,5年おきに人数の推移

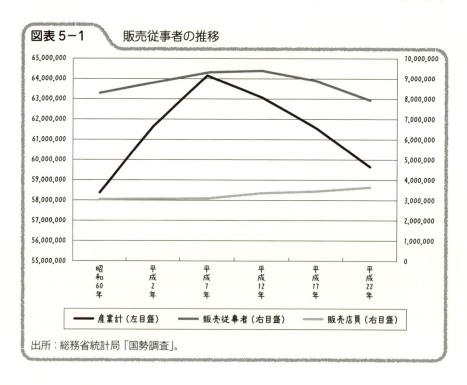

図表5-1　販売従事者の推移

出所:総務省統計局「国勢調査」。

を見ることができます。

さて，**図表5-1**によれば，販売店員として働く就業者の人数は，昭和60年（1985年）の約300万人から徐々に増え，平成22年（2010年）には360万人ほどになっています。販売店員の特徴を，国勢調査からさらに見てみましょう。

特徴の一つに，販売店員の雇用者比率（＝就業者に占める雇用者の割合）が急激に高まっていることが挙げられます。日本経済全体の雇用者比率も昭和60年の約71.0％から平成22年の約77.6％に高まっているのですが，販売店員の場合にはそれが約72.7％から約90.0％へと高まっているのです。これは，以前なら自営業で営まれていた小売店あるいは卸売店が少なくなり，大規模店やチェーン店，あるいはフランチャイズチェーン店に取って代わられたため，雇用される人が増えたからだと考えられます。

二つ目の特徴として，販売店員の女性比率が高いことが挙げられます。日本経済全体の就業者に占める女性の割合は平成22年時点で約42.8％ですが，販売店員のそれは約68.5％です。

さらに，もう一つ特徴として付け加えるとしたら，販売店員だけでなく店長なども含めた商品販売従事者には非正規の職員・従業員が多いという点です。残念ながら国勢調査では雇用形態については調査がありません。そこで総務省統計局「就業構造基本調査」（平成24年版）を用いると，日本経済全体の正社員比率が58.1％なのに対して，商品販売従事者のそれは31.0％です（**図表5-2**）。販売従事者全体では55.5％ですから，ものを売る仕事全てが必ずしも非正規の職員／従業員が多いというわけではありません。商品販売従事者の非正規比率が高い背景には，客がいつ来るのか決まっておらず，日時によって繁閑が左右されるからと考えられます。

図表5-2 ものを売る仕事の就業者数と雇用形態別雇用者数

	産業計	販売従事者	商品販売従事者	販売類似職業従事者	営業職業従事者
就業者（人）	64,420,700	8,559,200	4,576,300	475,700	3,507,200
うち雇用者（人）	57,008,800	7,701,000	3,985,200	245,800	3,469,900
うち正規の職員・従業員（人）	33,110,400	4,271,300	1,233,700	119,400	2,918,200
うち非正規の職員・従業員（人）	20,427,100	2,895,500	2,545,600	84,700	265,100
就業者に占める雇用者の割合	88.5%	90.0%	87.1%	51.7%	98.9%
雇用者に占める正規の職員・従業員の割合	58.1%	55.5%	31.0%	48.6%	84.1%
雇用者に占める非正規の職員・従業員の割合	35.8%	37.6%	63.9%	34.5%	7.6%

出所：総務省統計局「就業構造基本調査」（平成24年版）。

3　販売店員の仕事

　販売店員の仕事は，自店で扱う商品を客に売ることです。しかし，ひと口に販売店員といっても求められる技能や知識は一様ではありません。売り場の構造によって，あるいは扱っている商品によって，さらには客によっても必要な技能や知識が変わるからです。例えば，老舗百貨店の宝飾品販売部門で1000万円もするジュエリーを売っている人と，日々の生活用品を売るスーパーのレジ係とでは，実際に職場で行っている仕事の内容も，求められる技能や知識もまったく違っています。

　そこで以下では「百貨店・専門店」「スーパー」「コンビニ」の大きく3つに分けて，販売店員の仕事を見てみましょう。

3.1　百貨店・専門店の販売店員の仕事

　あらゆる分野の商品を扱っている百貨店で働く販売店員と，ある分野に特化した専門店で働く販売店員とでは，比較的似た技能や知識が求められます。というのも，百貨店が専門店の集合体のような性格を持っているからです。

客が専門店に行くのは，その分野の商品が種類豊富にあることに加え，販売店員から商品に関する専門的な説明を聞きながら買い物をしたいと思うからです。このことは，百貨店についてもまったく同じことが言えます。客が百貨店に入っているお気に入りのブランドショップに足を運ぶのは，販売店員の豊富な商品知識やレベルの高い接客が，買い物の質と客の満足感を共に高めてくれるからです。ブランドショップだけでなく，靴売り場や財布売り場など複数ブランドの商品を並べる"平場（ひらば）"でも，同じことが言えます。

以上のような店舗の特徴が，百貨店・専門店の販売店員の仕事を特徴づけています。つまり，商品のことを深く詳細に知っていることが百貨店・専門店の販売店員には求められます。しかも，自店で扱う商品だけでなく，他店で扱う商品のことまで詳しく知っていることも求められます。他店で扱う商品と自店で扱う商品を比較して，自店の商品の特徴や優位性を語れることが，客の購買の決め手となる場合があるからです。さらに，購入後の客の暮らしがどうなるかについても，客の身になって語れることなども大事なスキルです。

商品の分野や価格帯によっては，丁寧な言葉遣い，にこやかな笑顔，さらには制服や仕事服の着こなし，ショップでの立ち姿の美しさまでが，販売店員の販売力を左右します。また，電化製品やカメラなど精密機器については，操作の仕方や複雑化する機能をわかりやすく説明する力も販売店員には求められます。

3.2 スーパーの販売店員の仕事

スーパーの販売店員に求められる技能や知識は，百貨店や専門店とは異なってきます。

そもそもスーパーには，小売業の大きな一部を占める業態でありながら，純粋な「販売店員」は多くいません。衣料品や文具，家具，玩具なども扱う総合スーパーの場合，それらの売り場担当者はまさに販売店員といえます。でも客が自ら売り場を歩き回り，欲しい商品を買い物かごに入れてレジに行く食品売り場や食品スーパーの場合には，販売店員と呼べる人が働いているといえるかどうか難しいのです。

例えば、スーパーにいる「レジ担当者」は、客と直接接し続ける点において、販売店員といえるかもしれません。しかし、同じ販売店員でも百貨店や専門店とは大きく違う点があります。それはあくまで「受け身」であることです。つまり、商品の説明をしたり、商品を勧めたりすることは、ほとんどありません。それゆえ、それらの知識やスキルは必要がありません。

　その代わりにレジ担当者に求められる技能はレジを打つスピードや正確性です。もちろん、客を不快にせず「またここで買い物がしたい」と思ってもらうための接客・接遇はとても重要なことですが、あくまで「精算」業務がレジ担当者の本質です。

　とはいえ、スーパーに積極的な販売行為を担う人がいないわけではありません。例えば、スーパーに行くと今日の特売商品などを目立たせる陳列がされていたり、おすすめ商品の味や質を伝えるためのポップがあったり、あるいは鮮魚売り場や精肉コーナーに旬の魚や肉などを使った「オリジナルレシピ」などが貼られていたりします。これらは、客の購買意欲を高めるためにスーパーが独自に工夫している「おすすめ」であり、いわば無人の接客です。これらを作るのは、その売り場ごとの担当者であることがほとんどです。正社員ではなくパートタイマーの役割になっているところもあります。特に「オリジナルレシピ」などは、家庭での料理歴の長いベテラン主婦パートの得意技として、その店の名物になっている場合もあるほどです。つまりスーパーでは、一見販売とは無縁の「精肉コーナーで肉をパック」し、「惣菜コーナーで弁当を作る」人が、姿の見えない陰の販売店員となっているのです。

3.3　コンビニの販売店員の仕事

　コンビニの販売店員の場合は、スーパーの販売店員に似たところがある半面、異なる点もあります。中でもコンビニのレジ業務はその内容が広範で、個別対応の部分が大きい点にスーパーとの違いがあります。スーパーのレジ業務に比べて、接客の要素がより高いのです。例えばコンビニで弁当やおにぎりを購入すると、「温めますか？」と必ず聞かれますね。コンビニの店員はレジ業務を

行うと同時に接客サービスを行っているのです。また，コンビニでは揚げ物や肉まん，ドーナツ，コーヒーなどもレジ周りで販売していますが，その際に客と店員の間に会話が生まれます。さらに，宅配便の受付や受け取り，郵便切手やはがきの販売，公共料金をはじめとする各種支払いなど，今やコンビニはあらゆるコトが1か所で済み，ワンストップ型生活インフラとなっています。つまりコンビニの販売店員は，これらすべての機能に対応する必要があるのです。

　また，コンビニでは，時間帯により人数配分は異なるものの，基本的にはシフトを組みながら少人数で業務を行っています。つまり，1人の販売店員が，レジ業務だけでなく，トラックで届いた商品を棚に並べる「品出し」を行ったり，そもそも「どの商品をいつ，何個届けてもらうか」指示する「発注」業務も行っていたりします。

　発注業務も間接的に客に対する商品の「おすすめ」行為なのですが，「品出し」つまり陳列業務はより直接的に客に商品をおすすめすることになります。コンビニでは，売りたい商品や売れそうな商品をたくさん注文して，それを陳列棚の良い場所に置くのです。

　店によっては，スーパー同様に，おすすめ商品に説明のポップをつけているし，最近では雑誌や単行本コーナーに「おすすめ本！」など書店さながらのポップや案内が貼られていることもあります。これらは，コンビニチェーン本部から決められたものが送られてくる場合もありますが，作成を販売店員が行っていることもとても多いです。

　このように，コンビニの販売店員は，実は大変なマルチプレーヤーなのです。

4　販売店員のキャリア形成

　すでに見てきたように，一口に販売店員といっても，そこに求められる技能はさまざまです。しかしながら，医薬品など一部の商品を除けば，販売店員になるのに特別な資格は不要です。その意味から販売店員は，誰もが従事しやすい仕事であり，そのキャリア形成は企業内で，主には実際に販売の仕事に従事しながらのOJTでスタートすることとなります。

4.1 販売店員の雇用形態の変化

　販売店員の職業としての入職のしやすさは，スーパーやコンビニより高い接客能力や商品知識等販売スキルが求められる百貨店でも変わりません。実際，ある老舗百貨店の人事担当者によると，「バブル時代までは高卒の正社員が店舗販売の主戦力で，毎年大量採用をしていました。当時入社した方が昇進しているので，当社では高卒の管理職も珍しくありません」ということでした。

　しかし，こうした職業としての入りやすさがバブル崩壊後には，別の現象を生み出します。従業員の新規採用を正社員からパートや契約社員に変えていく，非正規社員化の動きです。スーパーでは高度成長期からパート社員の雇用が進んでいましたが，百貨店や専門店でもその動きが加速しました。

　スーパーにおける従業員のパート化が特に進んでいたのには理由があります。第1に，スーパーのメインの顧客でヘビーユーザーが「家庭の主婦層」であり，「フルタイムでは働けない，働きたくない」家庭の主婦をパートとして活用することに，単なる労働力の獲得以上のメリットがあったからです。つまり，スーパーの売り場に主婦目線を取り入れることで「主婦が来たくなる，主婦が来やすい店」に，することができました。

　第2に，肉や魚，野菜など，当日販売する生鮮品をパック詰めしたり，惣菜を作る必要がある開店前や，客の来店が集中する週末や夕方など忙しいときのみ増員できる補完労働力としてパートの活用ができた点です。上手なシフト管理で短時間勤務のパート同士の仲間意識を高め，フルタイム正社員に代わる労働力としての期待をする「パート戦力化」が進んでいます。

　第3に，これはスーパーに限りませんが，主婦パートの賃金が相対的に安かった点です。初任レベルの仕事をする正社員でも，賞与も含めた年収を時間単価に換算すると，パートに支払う時給に比べ高いのです。さらには，今は「従業員数501人以上の大企業の場合は，週20時間以上働く人が加入する」ことになっている社会保険の加入要件が，2016年9月までは企業規模にかかわらず「週30時間以上働く人」となっていたことも，パートの活用に大きく影

響していました。主婦パートの大半が加入要件を満たしておらず，企業はパートを雇うことで社会保険料の負担を小さくすることができたのです。

4.2 販売店員の初期キャリア形成

　従業員の非正規社員化は今，業態や企業の考え方の違いにより，さまざまです。ある百貨店では「専門知識や高い接客レベルが要求されることから，短時間勤務や週3日など単日勤務の社員ではお客さまに真にご満足いただくことはできない」として，同社の販売店員の雇用契約を短時間勤務のパートからフルタイム勤務の契約社員に切り替えており，すでにパートは店舗にも本社部門にもほぼいない状況になっています。

　この一方，パートの所定労働時間をより短くし，「1日3時間・週3日からOK」などとすることで，人材を確保しようとする動きもあります。リーマン・ショック後の2009年を底に，全国的に有効求人倍率が上がり続けるなか，小売業以外の他業種も含めた労働力の争奪戦に勝つ手段として，パート本人の希望に沿った働き方ができるように企業側が譲歩しているのです。

　いずれにしても，販売店員は顧客接点の最前線であり，小売業の生命線でもあることから，育成が重要です。また，育成は，「自社・自店のお客さまの期待値」に合わせて行っていかなくてはなりません。百貨店や専門店では，客の販売店員に対する期待値も高く，それに応えるために販売店員の商品知識や接客，コミュニケーション・スキル，場合によっては人間性までも高める必要があります。一方，スーパーやコンビニでは，客の販売店員に対する期待はより低くなる半面，期待値を下回ってしまえば「クレーム」になり，客離れを招く結果になります。

　具体的な育成は，まずは仕事の内容の説明や，基本的な接客用語の説明などを，導入教育で実施します。終了後，そのキャリア形成は，主に実際に販売の仕事に従事しながらのOJTで行われます。先輩社員から1つひとつ仕事を教わり，注意されたり，時に褒めたりしてもらいながら，だんだんと仕事を覚えて一人前に近づいていくのです。

OJTの良いところは，教える方も教わる方も"その場対応"ができることです。つまり，後輩がやり方を間違ったり，やり方を工夫した方がよい点などあれば，先輩はその場で指導し改善できます。逆に後輩も，わからないことがあったらすぐに質問したり確認したりでき，正しいやり方を確実に身につけることができるのです。

　なお，販売店員の仕事の中で最も重要な仕事は顧客対応と言えるでしょう。客は千差万別で，商品の質問や，不満点に関するクレームなど，販売店員に求められる対応も多種多様です。つまり臨機応変であることが求められますが，こうした対応はマニュアル等にまとめづらく，OJTで学び，そして伝承していくことが，最も効率的と言えるのです。

　OJTとは別に，Off-JTを行う場合も販売力強化のための内容が多いようです。例えば，すべての基礎となる「接客マナー」です。また，百貨店や専門店では「サンキューレターの書き方」や，服飾分野の場合「似合う色がわかるカラー診断の基礎知識」，スーパーやコンビニでは「わかりやすいポップの作り方」など，売り場に応じた個別教育が施される場合もあります。

4.3　パート・契約社員のキャリアパス

　販売店員は，パートや契約社員など非正規社員化が進んでいると述べました。このことが，企業におけるパートや契約社員の「戦力化」を促進しています。戦力化とは，より早く効率的に仕事ができたり，より難易度の高い仕事ができたりするよう，教育・育成することです。小売業では全般に正社員が減って非正規社員が増えており，かつて正社員が行っていた仕事を非正規社員が担わなければ業務が回らなくなっています。

　このため，規模が大きく，パートや契約社員の人数の多い企業では，パートや契約社員に対しても，人事制度を整えるようになりました。つまり，明文化された独自の評価基準によってパートや契約社員を評価し，その結果に応じて，等級などが上がっていく仕組みです。等級が上がれば，時給も上がることから，パートや契約社員のやる気を引き出すことができます。また，より高い等級を

目指して頑張るように促すことで，パートや契約社員の成長スピードを上げることができます。

　なお，多くの場合，パートの等級は2つの概念で形成されています。技術面の要件とマネジメント面での要件です。例として，直接的な販売店員ではありませんが，とあるスーパーの鮮魚スタッフのケースを見てみましょう。そのスーパーでは，さんまの三枚おろしや天麩羅用の開きができると，初級という等級に位置づけられます。等級が特級になると，ウロコのしっかりした鯉の三枚おろしやさく取り，ぬるぬるとして扱いづらいウナギやアナゴの開きまで，鮮魚売り場のバックヤードで生じる作業のほぼすべてができる，ということになります。一方，マネジメント面では，初級に求められるのは基本的な身だしなみや報連相などですが，上級になると「店舗状況に応じて適切な作業指示を出すことができる」等が求められます。さらに特級では「販売計画にあわせ，作業計画表を作成できる」「稼働時間・人件費のコントロールができる」などが加わっていました。

　要するに，技術面であっても，マネジメント面であっても，難しい仕事ができるようになると，等級が上がるわけです。

　なお，マネジメント面では一定のランクを超えると，パートや契約社員でも「リーダー」などの役職に就く場合が生じます。これにより，さらに高いマネジメント力が求められるようになります。同僚のパートや契約社員を取りまとめて指示を出したり，新人が入ってきた際の育成担当者になったり，という具合です。

　このように，等級が上がっていくと，その仕事の内容やレベルはパートや契約社員でも正社員さながらになってきます。パートや契約社員から正社員への転換制度を設ける企業も多くなっており，正社員採用の一つの重要なルートとして重視している企業もあります。転換要件は企業によってさまざまですが，評価の結果や上司の推薦，筆記試験，面接などを通じ判断される場合が多くなっています。

　ある百貨店では「非正規社員から正社員に転換した場合，新卒で入社して数年目の正社員と同等ランクに格付けします。正社員に転換した人にはゆくゆく

は課長や部長を目指してもらうことを期待しています」，ということでした。それゆえ，課長や部長を目指せるようなマネジメント面での力が欠けていたり，そもそも本人にマネジメントの役割につく意向がなかったりすれば，どんなに接客力が高くても，営業成績が抜群でも正社員には転換せず，有期契約雇用のままで高い等級を目指すことになるようです。「非正規社員のままでも，等級が上がれば時給も上がるので，処遇というよりは社内でどんな役割を果たしたいのかという本人の希望によって，正社員になるかならないかが決まっていきます」ということです。

あるスーパーでは，あくまで現場の実務が好きなのであり，リーダーやマネジメントの仕事には就きたくないという意向のパートさんも多く，正社員登用を促しても辞退する人が少なからずいるようです。そのような場合，スーパー側が「なぜ正社員になりたくないのか」について，1人ひとりにその理由や意向をきちんと聞いて，今後のマネジメントに活かすようにしているということです。これにより，「処遇への納得度や定着度が高まりました」とそのスーパーの人事担当者は言っています。

4.4　正社員のキャリアパス

正社員は，会社を支える人材としてキャリア形成がされます。正社員として入社した新人はまず最前線である店舗に配属され，現場でたたき上げられることが多いようです。その後，いろいろな部署を異動しながら昇進し，多彩な仕事の経験を通じて，管理職そして幹部を目指していくことになります。会社によっては，ひとつの部門で仕事の習熟度を上げていき，その部門内での経験を厚く積み上げながら，幹部候補になっていく場合もあります。

教育は，新人時代には接客や商品管理研修が主となりますが，売り場責任者などに昇進していくにつれて，社内の各役職・役割に求められる機能や責任，その果たし方などを教える階層別研修などにシフトしていきます。もちろん，各部門に必要な専門知識や，経営理念を実現するための新たな教育が行われる場合もあります。

なお，コンビニの正社員のキャリアパスは，その店が直営店なのか，オーナー店なのかによって変わってきます。直営店の場合，そこで働く正社員は，フランチャイザーつまり本部の社員なので，さまざまな部署を異動しながら，昇進昇格していきます。その部署は，例えば取り扱う商品を決定する商品部門や開店計画を立て新規物件を探し開店させていく店舗開発部，総務や人事など管理部門，経営企画部門，オーナー店に対しオペレーションのサポートをする部門などさまざまです。他方で，オーナー店で働く正社員は，あくまでそのオーナー企業の社員ということとなります。同じ制服を着て，同じ商品を売り，発注作業をしていても，フランチャイズ本部の社員とは，キャリアパスも，教育のされ方も，昇進昇格のあり方や給与も，まったく異なります。これはフランチャイズならではであり，百貨店やスーパーでは見られないことです。

5　販売店員の賃金プロファイル

　ものを売る仕事の賃金プロファイルはどのような形をしているでしょうか。厚生労働省「賃金構造基本統計調査」の職種別賃金を使って，販売店員の賃金プロファイルを描いたのが**図表5-3**です。図表の縦軸は毎月決まって支払われる給与に年間賞与を加え，それを年間総労働時間で割った時間あたり賃金です。仕事によって賞与や労働時間が異なるので，このような計算を行いました。
　概して，男性の場合には年齢が高まるとともに賃金が上がる年功賃金です。これに対して，女性の場合には，百貨店店員を除いて，年齢が高まっても賃金は上がりません。特に，スーパー店チェッカーの賃金は年齢にかかわらず一定です。
　これは，百貨店では年齢とともに技能や知識が高まっているのを賃金に反映しており，他方でスーパーのチェッカーはそうではないからだと考えられます。また，百貨店を除いた女性販売店員の賃金が低いのは，パート労働者が多いのを反映しているからかもしれません。

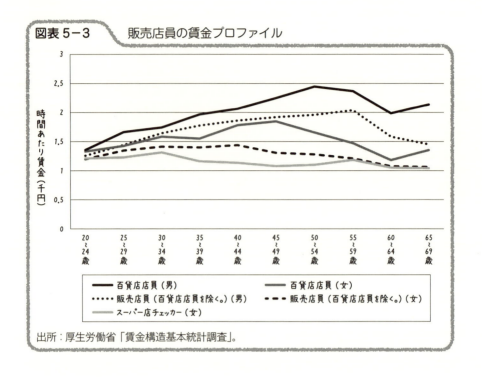

図表5-3　販売店員の賃金プロファイル

出所：厚生労働省「賃金構造基本統計調査」。

6　むすびに

　ものを売る仕事は，百貨店やスーパー，コンビニ，そして大型専門店が主流となり，自営業が減少するなかで，雇用者が中心となってきました。さらに，小売業の商いには季節や曜日，そして時間帯によって繁閑が異なるという特性があるため，パート労働者が主流となっています。そうした中で，業態によって労働者に求められる技能や知識，スキルが異なっていたことがわかりました。

　現在，小売業の経営は，既存の小売業同士での競争激化やネット通販などの新業態の進化によって，苦境にあると言われています。また，インバウンド政策による外国人観光客の増加によって，ものを売る仕事の仕事内容や質も大きく変わってきたと言われています。こうした中で，ものを売る仕事にはこれまで以上の専門的な知識と高度な接客が求められています。

第6章

人をもてなす仕事
――ホテルやレストランで活躍する人たち――

　本章では，サービスの提供や人をもてなす仕事の中でも，主に調理士やホテルで働く人々について取り上げ，仕事の特徴や必要とされる知識・技能とその形成方法，課題について述べる。経済が成熟し「モノ」だけでなく，旅行・レジャーなど「コト」への消費が増加しサービス経済化している。さらに近年は，インバウンドの盛り上がりにより，サービス業の人手不足が課題になっている。サービス業は，働き方が多様で労働集約的な仕事が多く，企業内の人材育成やITを活用した生産性の向上にも課題がある。サービス業で働く人々のキャリア形成が高度化し，グローバルに活躍できる人材が期待されている。

代表的な職業・職種

　調理師，ホテリエ，トラベルプランナー，娯楽接待員，理容・美容師

Key Words

　おもてなし，非正規労働，サービス経済化，生産性の向上，インバウンド，人手不足，情報の非対称性

職業シェア

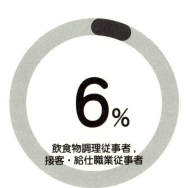

6%
飲食物調理従事者，
接客・給仕職業従事者

1　人をもてなす仕事の特徴

　人をもてなす仕事というと，どんな職業を思い浮かべるでしょうか。人々の生活は，所得が高まるにつれて豊かになり，洋服や自動車といった「モノ」の購入だけではなく，外食や旅行・レジャーといった「コト」を楽しむ場面が増えています。サービスやおもてなしに付加価値を見出し，生活の質を高めるために消費するサービス経済の時代に入りました。サービスやおもてなしを提供する経済活動は，主にサービス業と呼ばれ，調理師，理容・美容師，ホテリエ（ホテルの経営者や支配人，ベルマン，フロント，コンシェルジュ，客室係，料理人などホテルで働く人の総称），娯楽接待員などの多様な職種があります。昨今ではサービス業における人材不足も顕著になっています。本章では，人をもてなす仕事とその特性について見ていきたいと思います。

1.1　サービス経済化

　「サービス業」と一言でいっても定義は曖昧で，いろいろなとらえ方があります。サービス業よりも広い概念として「サービス産業」という言葉もよく耳にします。農林水産業（第1次産業）や製造業（第2次産業）に対して，非製造業（情報通信業，運輸・郵便業，卸売・小売業，金融・保険業，医療・福祉など）とサービス業を含む第3次産業を「サービス産業」と呼ぶことが多くなっています。国内総生産（GDP）に占めるサービス産業のシェアは，1970年に約5割でしたが，現在では7割を超えています。一方，製造業のシェアは2割を下回る水準まで低下しています。このように，産業の構造変化によって，サービス産業のシェアが高まり，その重要性が増しています。

　サービス経済化が進んだ背景として，森川［2016］は，次の3つを指摘しています。第1に，所得水準の上昇に伴うサービス需要増加がモノ需要に比べて大きいことです。森川の試算によると1963年から2014年の間に，家計の実収入におけるサービス消費の比率は，約27, 28％から2014年には約55％に達

しており，自動車や電化製品など耐久消費財といったモノに比べてサービス消費支出のシェアが高まっています。第2に，モノに比べてサービスの価格上昇率が高い（＝生産性上昇率が低い）ために，サービス支出のシェアが大きくなる傾向があるのです。1970年から2015年の45年間に，財の価格は2.6倍，サービス価格は4.1倍になっています。同じ金額でも価格上昇率が低い財は実質的に多くの財を消費できますが，価格上昇率が高いサービスは同じサービスを享受するための名目支出額が大きくなる傾向があるのです。第3に，副次的な要因として，家計内サービスの市場化，企業内サービスのアウトソーシング，製造工程の海外移転などを挙げています（森川［2016］pp.35-40）。女性の社会進出が進み，掃除などの家事を外部の業者に依頼したり，働いている間の育児をベビーシッターに依頼したりすると，これまで国内総生産（GDP）には計上されていなかった主に女性が担っていた家庭内の家事労働が，サービス産業の消費としてGDPに計上されるようになるのです。

　総務省「国勢調査」で確認すると，製造業で働く人は1970年の34.0%から2015年に雇用者ベースでは24.3%まで低下しているのに対し，サービス産業（非製造業やサービス業）で働く人は2015年に全体の69.1%を占め，約3,450万人が働いています。高齢化で拡大する医療・福祉やインバウンド需要による飲食・宿泊業などの分野では人手不足も深刻になってきています。

1.2　人をもてなす仕事の特性

　皆さんもレストランやホテルで，店員やホテリエのおもてなしを受けた経験があるでしょう。おもてなしには，心のこもった待遇のことや，訪れる人を心からお迎えするという意味があります。日本の「お・も・て・な・し」は，2013年の国際オリンピック委員会（IOC）総会における東京招致のプレゼンテーションでも紹介され，2020年の東京オリンピック開催決定時に，世界で一躍有名な言葉となりました。

生産と消費の同時性

　サービス業のうち人をもてなす仕事は，飲食店で調理師が料理を作って提供する，美容室で美容師がヘアカットやパーマをかける，ホテルでホテリエが宿泊客の滞在をフォローするといったものがあります。これらの仕事は，生産すると同時に消費をすることが多く，「生産と消費の同時性」という特徴があります（森川［2016］）。人をもてなしたり，人にサービスを提供したりすることは，洋服や電化製品のように，売り手があらかじめ生産して在庫をもつことができません。また，外食や旅行を楽しんだり，美容院を利用したりするのは，皆さんの余暇であることが多いでしょう。便利な世の中になり，飲食店やテーマパークは夜遅くまで開店し，24時間営業のコンビニエンスストアが普及しています。サービスが多様化し利用者の利便性が高まるほど，そこで働く人にとっては時間外労働や休日出勤が増えます。人をもてなす仕事は，定時出社・退社が難しく，多様な働き方を求められることになります。

質に関する情報の非対称性

　さらに，人をもてなす仕事には，提供するサービスの質を事前に評価することが難しいという特性もあります（森川［2016］）。モノと違ってレストランやホテルのサービスは，利用して初めて消費した金額に見合うかどうか判断できます。初めてのレストランで食事をする場合は，事前にその味はわからないことが多いものです。このようにサービスの売り手と買い手の情報量が異なることを，経済学では情報の非対称性が生じているといいます。現在は，口コミやブログなどによって，レストランやホテルの評判や，テーマパークのアトラクションの内容を事前に知ることができるようになりました。それでも，レストランでは季節によってメニューが変わり，美容院ではいつも同じ髪型をオーダーするとは限りません。同じ人間であっても，毎回同じサービスを受けるとは限らないのです。だからこそ，誰が，どのようなサービスを提供するかが重要になってきます。サービスを提供する人が持つ資格や店のブランドなどが，サービスの質の判断に大きく影響します。レストランやホテルは，食事や宿泊に加えて，それを引き立てるもてなしのサービスを提供し，利用者はそのサー

ビスを購入して消費しているのです。

1.3 女性が活躍するサービス業

　人をもてなす仕事は，具体的には，総務省「日本標準産業分類」の大分類の「宿泊業，飲食サービス業」と「生活関連サービス，娯楽業」に含まれます。総務省「国勢調査」によると，2015年にこの2業種で働く雇用者（役員除く）は，男性が約148万人，女性が約265万人にのぼります。男性は，男性雇用者全体の5.8%，女性は女性雇用者全体の12.3%を占めています。

　各産業の雇用者における男女の割合や働き方（従業上の地位）を概観しましょう。全産業では女性が雇用者の46%を占めるのに対し，「宿泊業，飲食サービス業」や「生活関連サービス業，娯楽業」などの人をもてなす仕事では，雇用者の約60%が女性です（**図表6-1**）。さらに女性の非正規社員は，「宿泊業，飲食サービス業」で54.8%，「生活関連サービス業，娯楽業」で40.7%とシェアが大きく，人をもてなす仕事の主な担い手であることがわかります。

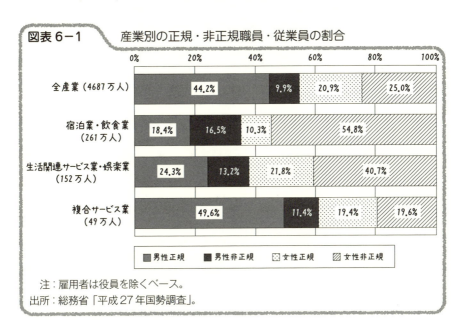

図表6-1　産業別の正規・非正規職員・従業員の割合

注：雇用者は役員を除くベース。
出所：総務省「平成27年国勢調査」。

年齢階級別では、男性は、30代前半までの若年層に非正規労働が多く、女性はどの年代でも非正規の割合が高くなっています。特に「宿泊業、飲食サービス業」は、全年代で非正規の働き方が大半を占めます。女性は「生活関連サービス業、娯楽業」の方が正規の割合が高く、20代後半から30代前半は半数以上が正規ですが、30代後半以降、年齢が高まるにつれて非正規の働き方が増える傾向にあります。

職業分類でみると、総務省「国勢調査」(2015年)では、調理人で正規の職員・従業員の割合は、男性が58.7%に対し、女性は18.7%に過ぎません。また、理容師や美容師はそもそも雇用者よりも雇人のない業主や家族従業者が多くなっています。

2　レストランやホテルで活躍する仕事

人をもてなす仕事として、レストランやホテルで活躍する職業を個別にみていきましょう。調理師、ホテリエについて取り上げます。

2.1　調理師の仕事

調理師は国家資格の一つで、調理師免許交付数でみると、2015年度までの累計で約375万人にのぼります。2015年の国勢調査では、調理人として約149万人が働いています。活躍の場は、レストランをはじめとする飲食店、ホテル、病院、学校、保育園など多岐にわたっています。「食」はだれにとっても必要不可欠であり、家庭内で自ら調理する(調理してもらう)以外は、レストランやホテルなどでの外食、学校や保育園の給食、食事の宅配やお惣菜を購入したりする中食などを利用することになります。

調理師という仕事は、調理以外にも、材料の仕入れ、仕込みから、後片付けまで多くの仕事があります。人が口にする食事は、安全な材料を使い、衛生的に調理して提供することが求められます。

さらに職場によっては、それ以上の知識も必要になります。例えば、病院や

老人ホームで働く調理師は、病気や栄養、健康全般に関する知識などが必要です。介護食士（1〜3級）という全国調理職業訓練協会認定の専門資格もあり、高齢化にともないニーズが高まっています。また学校の給食センターや保育園の給食室の調理師は、2013年に45万人ともいわれる食物アレルギーを持つ子ども達への対応が求められています。この分野では、調理師の上位資格として厚生労働省が付与する専門調理師（「給食用特殊料理」分野）という資格があります。専門調理師は最低でも6年以上の実務経験を持ち、調理技術技能評価試験に合格した者で、幅広い知識や経験も重要になってきています。

2.2 ホテリエの仕事

　ホテルや旅館には、宿泊部門や飲食部門があり、人をもてなすさまざまな仕事があります。ホテルで働くホテリエは、利用者がホテル滞在中に快適に過ごせるように、また困ったことがあったときにも頼りになる存在です。旅館にも、おかみさん、仲居さん、板前さんなど名称が異なっても同様の仕事があります。いずれもホテルや旅館に泊まるお客様をもてなすのが仕事です。

　ホテルも、仕事の目的で利用するビジネスホテルから、余暇を楽しむためのリゾートホテル、結婚式などを開催できるシティホテルなどさまざまです。余暇を楽しむためのホテルでは、コンシェルジュが常駐し、旅行のアドバイスやツアーの手配など、旅行中の滞在をきめ細かくフォローします。結婚式などの宴会がある際には、ベルマンから宴会担当、調理師までホテルの各部署の人たちが列席者をもてなすことになります。旅行目的の宿泊や結婚式の開催は、人々の週末や休日、長期休暇などに行うことが多く、ホテルで働く人達は一般の人の休暇中が、繁忙期になります。

3 飲食業・宿泊業で働く人の処遇と勤続年数

3.1 宿泊業，飲食サービス業の賃金プロファイル

　人をもてなす仕事の賃金水準について，賃金プロファイルをみてみましょう。2016年の厚生労働省「賃金構造基本統計調査」によると，産業中分類の「宿泊業」「飲食店」で働く人々の賃金（年収）について，男性は，見習いや職場の訓練によって生産性が高まり，その結果賃金が，年齢に応じて上昇し，45-49歳をピークに減少する形となっています（図表6-2）。

　一方，女性の賃金は，20代から男性と格差が生じ，「飲食店」では30-34歳をピークに緩やかに減少します。女性の賃金があまり上昇しないことから，40

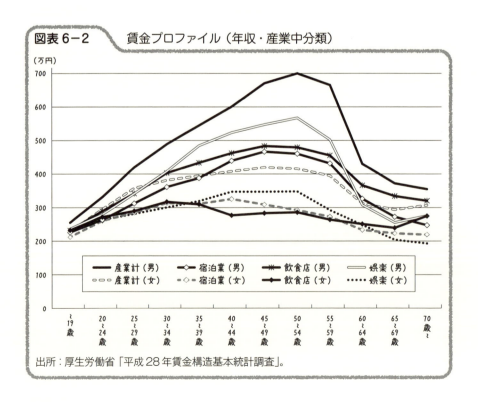

図表6-2　賃金プロファイル（年収・産業中分類）

出所：厚生労働省「平成28年賃金構造基本統計調査」。

〜50代はさらに男女間格差が拡大しています。女性の場合，結婚や出産で一度退職すると，退職前の労働条件で仕事に戻ることが難しく，勤続年数が短いため男性よりもキャリア形成が進みにくいことなどが要因と考えられます。この点は，内閣府「2014年度年次経済財政報告」でも，人材育成が産業別の賃金カーブに一定程度影響していると指摘されています。

このように宿泊業，飲食サービス業の賃金水準は，一般的に高いとはいえません。調理師などの有資格者でも，若い頃は「修行」という側面が強く，賃金が低めに抑えられることが一因だと考えられます。店や職場にもよりますが，「修行」がいつの段階で「就業」に変わるのか境界線が曖昧であることが多いといいます。

調理師は，同じ店や企業に勤め続けるだけではなく，転職や独立開業も多い職業です。転職や独立によってキャリアアップと賃金上昇を図るなどの目的があります。転職をせず，同じレストランやホテルで働く場合は，企業内でのキャリアアップを図り，料理長やシェフ，パティシエなどになると賃金も高まります。調理師の活躍の場は幅広く，一般の企業での働き方とは異なる側面も持っています。一方，業務がマニュアル化されているような店では，高度な技術やキャリアを伴わなくても働くことができるため，非正規の働き方が多い場合もあります。

以上のように，宿泊業，飲食サービス業でも，調理師などの資格をもつ仕事は，職場を変わることによって一般的な技能を形成する側面があります。一方，ベルマンやフロント，コンシェルジュといった仕事は，企業や組織内で人材育成が行われ特殊的技能を形成する側面が大きいと考えられます。

3.2 休日，夜間の勤務が多いサービス業

人をもてなす仕事に従事する人達が働く時間帯について，2011年の総務省「社会生活基本調査」をみてみましょう。生活時間のうちある行動について，全体のどの位の割合の人がその時間帯に活動しているかを示しているのが「行動者率」です。**図表6-3**の平日の「事務従事者」の行動者率は，男女とも2

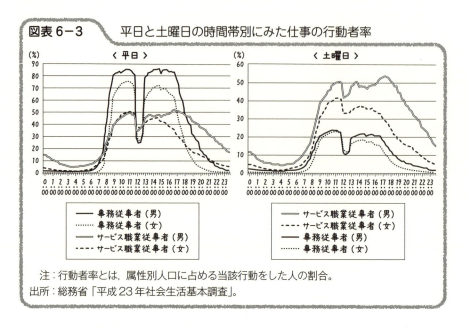

図表6-3 平日と土曜日の時間帯別にみた仕事の行動者率

注：行動者率とは，属性別人口に占める当該行動をした人の割合です。
出所：総務省「平成23年社会生活基本調査」。

つの高い山があり，この山の時間帯に働いていることになります。「事務従事者」のうち半数以上が働いている，つまり行動者率が50％を超える時間帯は，男性が8時30分から18時15分まで，女性が9時から17時15分までです。途中昼休みの12時台に行動者率が下がっています。事務従事者は，男性の8割以上，女性の7割以上が平日の昼間に働いています。土曜日も約2割の事務従事者が働いていますが，平日ほど行動者率は高くありません。

一方，同図表で「サービス職業従事者」をみると，平日の行動者率が50％を超える時間帯は，男性は16時30分から18時ごろまでの夕刻で，事務従事者に比べると低い山が2つできています。18時を過ぎて事務従事者が仕事を終えても，サービス業の男性の3～4割は働いていることがわかります。サービス業の女性は，夜間は男性ほど多くは働いていませんが，事務の女性よりは10％ほど行動者率が高いです。土曜日をみると，サービス業で働く人の行動者率は，男性で約5割，女性でも約3～4割と事務従事者の2倍以上の人々が働いています。しかも，男女とも18時以降の夜間も働いている人が一定数います。日曜日も土曜日と同様に，サービス業従事者は事務従事者より多くの人

が働いています。

　以上のように，生活時間調査から，サービス業では，休日や夜間など一般の事務系の職業の人達が働いていない時間帯に，男女ともに多くの人が仕事をしていることがわかります。これがサービス経済の現状であり，サービス経済化に伴い，人々の働き方はますます多様になってきます。

4　人をもてなす仕事のキャリア形成

　キャリア形成をみてみると，飲食業で働く調理師は，資格を取得して働くのに対し，宿泊業で働くホテリエなどは，企業内の人材育成によって研修を重ねキャリアを蓄積することが多い職業です。以下で詳しくみてみましょう。

4.1　調理師のキャリア形成

　調理師は，いつ・どこで・だれにどのような料理を提供するのかによって，修行や就職先を選択することになります。飲食店の形態も，自営業からチェーン展開のファミリーレストランや高級レストランまでさまざまで，求められる技術や能力も異なります。

　調理師になるには，調理師免許を取得し，都道府県に免許を申請します。調理師免許の取得には，①２年以上の調理の実務経験の後，都道府県が実施する調理師試験に合格する，または②都道府県知事指定の調理師養成施設で１年以上調理師に必要な知識および技能を修得するという２つの方法があります。前者では，就業しながら収入を得ることができ，実務経験も強みになります。後者のように調理師学校や養成機関では，体系的に料理を学ぶことができます。海外に提携校などがある調理師学校では，海外留学の制度もあり，調理師になる前に，視野や活躍の場を広げるチャンスがあります。卒業後の進路も，高い技術を活かせる高級なレストランやホテルへの就職の可能性が高まります。

　調理師免許を取得してからも，見習い期間が長い調理師は，修行から就業へ移っていく過程でキャリアアップしていきます。調理人は，転職や独立によっ

てキャリアアップを図っている側面があり，それまでどこの店やホテルで修業・就業していたかが，転職や開業時の信用・評判につながることも多いといいます。

調理師のキャリアアップとして，上位資格の専門調理師があり，給食用特殊料理，すし料理，中国料理，日本料理，西洋料理，麺料理の6分野があります。2015年度までの認定証書交付数の累計で最も多いのが，日本料理で約1.3万人です。ヘルシーで世界でも人気の高い日本料理は，2015年に「和食；日本人の伝統的な食文化」が，ユネスコ無形文化遺産に登録されました。「うま味」を生かした栄養バランスのよい食事内容や，自然の美しさや季節感，行事などを大事にし，食事に取り入れた食文化が評価されたのです。文化遺産になって注目されるようになった日本料理の調理人は，今後世界で活躍の場を広げることを期待されています。

4.2 ホテリエのキャリア形成

ホテリエには，ベルマンやフロント，コンシェルジュなどさまざまな仕事があり，ホテルでは何事にも臨機応変に対応する能力が必要とされます。宿泊するお客様の満足度を高めるサービスの提供が，その後リピーターやホテルの信用・評判につながります。日本のホテル業界に，需要面で大きな影響を与えているのは，2012年に836万人だった訪日外国人旅行者が16年に2404万人と倍増したインバウンドの盛り上がりです。政府は20年にインバウンド4000万人時代を新たな目標としました。20年の東京オリンピックに向けてホテルの新設も進んでおり，ホテル業界は人手不足という供給面の課題が顕著になってきます。

厚生労働省は，ホテル業界の人材育成の仕組みづくりのために，「ホテル業の人材育成のために」というマニュアルを作成しています。**図表6-4**のように，ホテリエの仕事を一般的に体系化しており，「多機能人材育成型」と「専門人材育成型」に大別しています。「多機能人材育成型」は，宿泊，レストラン，宴会の各部門にわたって経験を積み，ジェネラリストとしての活躍が期待

第6章 人をもてなす仕事　131

図表6-4　ホテル業のキャリアマップ

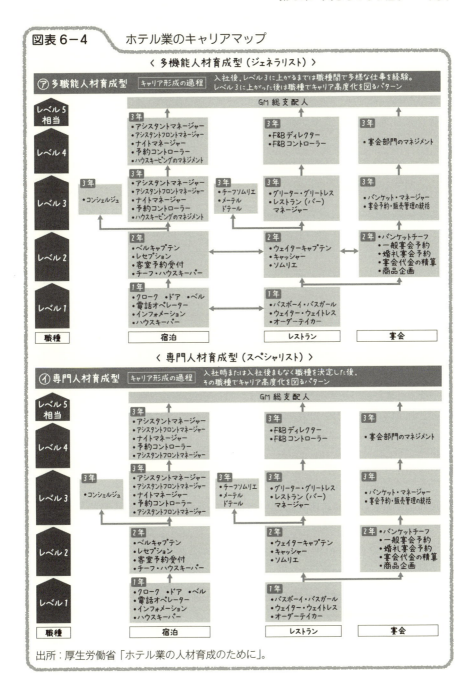

出所：厚生労働省「ホテル業の人材育成のために」。

されます。一方,「専門人材育成型」は,キャリア形成の初期に部門や職種を決め,その職種でスペシャリストとして,技能やキャリアの高度化を図ります。

　例えば,ある国内大手の老舗高級ホテルのWebサイトで採用のページをみると,「総合コース」と「専門コース」の2つの道があります。「総合コース」では,入社後約10年間で,異なる3つの部署のジョブローテーションが行われ,ホテル経営に必要な知識や感覚を育成し,総合的な経営スタッフを目指します。「専門コース」は,宿泊部門,レストラン部門,調理部門など,それぞれの部門で世界に通用するプロフェッショナルを目指すコースです。いずれも,ホテルに入社後,企業内で研修や経験を積んで,それぞれのコースでキャリアアップをはかる人材育成であることがわかります。

　今後のホテリエには,これまで以上に英語や中国語といった外国語のコミュニケーション能力が求められます。前述の通り訪日客が急増し,ホテル業界の国際化が急務になっているためです。外資系ホテルの日本への参入が増え,日本のホテルも外国人旅行者への対応に迫られています。観光学部をもつ大学,観光やホテル業に関連する専門学校など学ぶ場もありますが,国際化に対応できるより高度な人材の輩出が求められています。文部科学省中央教育審議会で議論されていた,「実践的な職業教育を行う新たな高等機関の制度化」について,2016年5月に答申,2017年5月の国会で改正学校教育法が成立しました。これに伴い,2019年4月から専門職大学・専門職短期大学が開学する見込みとなっています。観光分野では,接客のプロとして活躍するとともに,現場におけるサービス向上の先導役を果たす人材が期待されています。

　このように,ホテリエの仕事は,ホテル入社後に,内部労働市場における企業内人材育成によってキャリアが形成されていることがわかります。ただし,厚生労働省「平成28年賃金構造基本統計調査」の産業中分類の「宿泊業」の勤続年数をみると,男性9.9年,女性6.9年と決して長くはなく,現実的には転職によってキャリアアップを図っている側面もあります。いずれの場合も,今後のホテリエにはより高い能力や国際感覚が必要とされていることに変わりません。

5 宿泊業，飲食サービス業の賃金と労働時間の関係

　人をもてなす仕事へのニーズは今後も高く，人手不足から多くの人々がこの分野での働くことが期待されています。しかし，非正規労働の割合が高く，休日・夜間の勤務や不規則な労働時間を特徴とするサービス業では，雇用が流動的であり，企業への定着を前提とした人材育成に課題があります。またサービス業は，労働集約的な仕事が多いため，製造業のようにIT活用による生産の効率化などがあまり進んでおらず，一般的にサービス業の生産性は低いといわれています（森川［2016］）。

　サービス産業は労働時間が長く，賃金が全産業の平均を下回っているため，結果として1時間あたりの賃金が下がり，一人あたりの労働生産性が低くなっています。激しい価格競争やデフレが長期間続いており，外食などのサービス価格を引き上げることが難しく，結果としてサービス投入の大部分を占める人件費，つまり賃金が抑制される傾向があります。

　山田［2015］は，サービス業における価格抑制が可能になったのは，非正規労働比率の上昇や労働組合と使用者の団体交渉の機能不全によって，製造業に比べて賃金が下落するようになったからだと指摘しています。また日本では，「サービスはただ」という観念もサービス価格に影響しているといいます。サービスの質の計測は難しいですが，海外に誇る日本のおもてなしという付加価値が適正に評価されることが必要です（山田［2015］p.7）。

　人手不足の宿泊業や飲食サービス業で安定して働くために，働き方の工夫が必要になってきます。労働時間が長く休日・夜間の勤務が多いため，育児や介護の責任を担う人々は，男女を問わずワーク・ライフ・バランスに配慮した働き方が難しい側面がありますが，昨今ではサービス業でもワーク・ライフ・バランスへの意識が高まっているようです。サービス業の生産性向上には，IT活用によるコスト抑制や，専門性や技能を高めて付加価値を高めるといったことが求められます。ある旅館では配膳輸送システムを導入し，自動制御で料理

を運び，IT活用によって画期的な省力化を実現しています。日本が誇る世界最先端の「ものづくり」のノウハウを，サービス分野へ導入・促進することが効果的だと経済産業省の研究会でも指摘しています。宿泊業などでは，インバウンド需要によって稼働率の高さが生産性向上に貢献している側面もあります。

6 おもてなしの仕事の将来

　本章では，人をもてなす仕事についてみてきました。日本が誇るおもてなしやホスピタリティによって下支えされている業界ですが，在庫を持たないサービス業ゆえ，製造業のようにIT活用による効率化によって生産性向上を図るには限界があるとされます。しかしサービス業でもイノベーションを実施している企業は，製造業の場合より生産性や賃金が高い傾向があり（森川［2016］），今後IT活用や働き方の工夫などによる生産性向上が期待されます。

　労働に対する需要が供給を上回る人手不足という状況では，経済理論によれば，賃金に上昇圧力があるはずです。しかし，長期のデフレからの脱却を模索する現在でも，「モノ」の価格が上昇しているにもかかわらず，「サービス」価格である賃金は，大きく上昇していません。サービス価格が硬直的である理由について，渡辺［2016］は，「コストの大半を人件費が占めるサービス業では，賃金を抑えることで低価格を維持する行動をデフレ期にとってきた。その習性が価格と賃金をともに据え置くというかたちで今なお残っている」と述べています。

　サービス業に多い非正規の働き方は，社会保険や配偶者控除の見直しなどの制度面の影響も受けることになるでしょう。2016年10月から従業員規模が501人以上の企業では，短時間労働者も週20時間以上の就業や年収106万円以上といった条件の者は，社会保険に加入できるようになりました。2017年4月からは500人以下の企業でも，労使合意によって加入対象が広がります。社会保険料も自ら負担する必要が出てきますが，将来受け取れる年金が増える可能性もあります。これまでは非正規の女性の場合，夫の扶養の範囲内で社会保険を負担せずに働けるよう就業時間の調整を行っていた妻が少なくなかったの

です。今後は，収入を確保するためには，労働時間を長くするか，より高い賃金で働くかの選択を迫られます。また，配偶者控除制度の改正・見直しも議論されており，制度変更は非正規の働き方にも影響すると考えられます。

　今後は，サービスに対する付加価値をより重視する高価格帯の宿泊業，飲食サービス業と，コストを抑制して低価格を実現するホテルや飲食店に二極化していくでしょう。働く人々も高い技能や知識を持つグローバルな高度人材と，マニュアル化された世界で働く人材とに大別されるでしょう。

\参考文献／

経済産業省・サービス産業のイノベーションと生産性に関する研究会［2007］「サービス産業におけるイノベーションと生産性向上に向けて―報告書」。
厚生労働省［2012］「ホテル業の人材育成のために」。
帝国ホテル Web サイト：http://www.imperialhotel.co.jp/j/recruit/careerpath/
内閣府「平成26年度　年次経済財政報告」。
農林水産省「平成27年度食育推進施策（食育白書）」。
森川正之［2016］『サービス立国論―成熟経済を活性化するフロンティア』日本経済新聞出版社。
文部科学省［2013］「「学校生活における健康管理に関する調査」中間報告」。
山田久［2015］「日本のサービス産業の生産性は本当に低いのか―真の問題は「品質対比過小な値付け」に」日本総研　Research Forcus。
渡辺努［2016］「明確な政策メッセージで賃上げ促し，デフレ脱却」『月刊公明』2016年1月号，pp.2-7。

> コラム④　日本の酒造業にみる働き方の変容
> 　　　　　―「出稼ぎ」から「正社員」へ

寒造りの確立と杜氏・蔵人の発生

　日本の酒造りは，江戸時代中期に大きな進化を遂げました。冬場に集中して醸造する「寒造り」の確立により酒質が向上し，腐らさず貯蔵できるようになったのです。この技法を活かして，最大消費地・江戸向け清酒生産の主役となったのが灘酒造業（現在の兵庫県）でした。

　19世紀に入り，灘の寒造りは農閑期の出稼ぎとしてやって来た丹波地方の杜氏・蔵人により担われるようになります。杜氏は酒造家に直接雇用され，蔵人の調達・監督を任されるとともに酒仕込みの全責任を負いました。一方，蔵人は杜氏を通じた間接雇用の下で，徒弟制度的な職役分業組織を形成しました。

酒造技師の誕生

　明治になると，杜氏の経験や勘に頼ってきた酒造りの科学的解明が試みられます。政府も酒税確保を目指して，安定した酒造りのための調査研究や技術指導を行う大蔵省醸造試験所を設立しました。また全国各地の酒造家子弟が醸造に関する知識や技能を身につけるための高等教育機関が設置され，その卒業生からは酒造会社に常勤雇用される技師も輩出されました。

　灘の大手メーカーでは酒造現場の主導権を杜氏が握り，技師は品質分析管理を行う存在に過ぎませんでしたが，東北など新興産地の小規模会社には大卒の経営者子弟が現場責任者となって学びたての知識を積極的に取り入れた酒造りを始め，全国の清酒品評会で高い評価を得るところも現れました。

戦後の農村変容と酒造現場の技術革新

　戦後日本の高度経済成長は，清酒消費を再び押し上げた一方，杜氏・蔵人の供給を減少させました。製造業を中心に労働市場が拡大すると，季節労務よりも年間就労を選択する農業従事者が離村や通勤を選択したり，農家の次男三男が中学校や高校の卒業後すぐに都市部へ集団就職したりするためです。その結果，徒弟制度的に発達してきた現場では，補助役や下働きで過酷な労働を担ってきた若年層を失い，人手不足や高齢化が深刻化していきました。

　同じ頃，政府による中小企業近代化の諸施策が酒造業にも適用され，特にプラン

ド力をもつ大手メーカーの設備投資を促しました。真の酒造近代化ともいえる醸造工程の機械化や，清酒の通年生産が可能な「四季醸造」蔵の設置は，こうした中で実現しました。それと並行して，農業系高校の新卒者を正社員にし，将来の社員による酒造りを目指した社内養成を始める企業も現れました。

多様化する酒造りとその担い手

清酒の生産量は1973年の高度経済成長終焉とともに右肩下がりとなり，競争による企業淘汰も進みました。しかし，最近の日本酒ブームの波に乗り，かつては自社酒を大手ブランドの原料酒として桶売りしていた地方の小規模メーカーにも，「純米大吟醸」のような特定名称酒の生産に方向転換し，機械化やIT化を取り入れて国内外で売上を伸ばす蔵元も増えています。

伝統的な杜氏制度の衰退に伴い，就職した酒造会社で経験を積みながら杜氏を目指すキャリア形成は一般的となりました。現在活躍する杜氏は，醸造学などを学んだ大卒のみならず，高卒や他業種からの転職組，女性や外国人に至るまで多様化しています。酒造りの道を究めようと奮闘する若者の増加は，日本の伝統産業である酒造業の将来を支えることになるでしょう。

■参考文献

月桂冠株式会社・社史編纂委員会編［1999］『月桂冠三百六十年史』月桂冠株式会社。
佐藤正［1974, 1975］「酒造業の近代化と労働市場の構造変化（Ⅰ）（Ⅱ）」『Artes liberales』第14・15号。
『続 丹波杜氏』編纂委員会編［1995］『続 丹波杜氏』丹波杜氏組合。
西宮酒造株式会社社史編纂室編［1989］『西宮酒造一〇〇年史』西宮酒造株式会社。
松田松男［1999］『戦後日本における酒造出稼ぎの変貌』古今書院。
緑川敬・桜井宏年［1965］『清酒業の経営と経済』高陽書院。

第7章

教え育てる仕事
―― 学校で活躍する人たち ――

　本章では，教え育てる仕事の中から学校教員に着目する。学校教員は人的資本形成を担う仕事と考えられるため，学校教員の実態を把握することは重要だ。まず，統計調査を用い，教員市場の規模，性別や年齢構成などの特徴を明らかにする。次に，経済学の枠組みを用い，教員の労働市場，教員の労働需要，教員の労働供給を決める要因を明らかにする。最後に，教員の待遇のうち，労働時間，賃金，雇用形態を取り上げ，その実態について概観する。

代表的な職業・職種

　小学校教員，中学校教員，高等学校教員

Key Words

　人的資本，教員の労働市場，教員供給，教員需要

職業シェア

2%
教　員

1 はじめに

　教え育てる仕事と聞いてどのような職業を思い浮かべるでしょうか。日本職業分類によると，人を教える職業は「専門的・技術的職業従事者」の「教員」，「その他の専門的職業従事者」に分類されます。「教員」は幼稚園教員，小学校教員，中学校教員，高等学校教員，特別支援学校教員，大学教員，その他の教員に分類されます。「その他の専門的職業従事者」のうち人を教える職業は「個人教師」として分類され，それぞれ音楽，舞踊など，スポーツ，学習指導などに分類されます。

　本章では，「教員」のうち小学校教員，中学校教員，高等学校教員に着目しますが，その理由は経済学の人的資本という考え方と関連しています。人的資本とは，人々が身につける知識や技術のことです。人々は人的資本を利用し，新たなものを生産したり，さまざまな判断を行ったりします。学校教育は人的資本を身につける手段と考えられており，その担い手となるのが学校教員です。そのため，必要とされる学校教員の人数（教員需要）がどのように決まるのか，人々がどのような動機に基づき学校教員という職を選ぶのか（教員供給），学校教員の待遇がどのような実態になっているのかを把握し，分析することは，経済学において重要な研究課題です。

　本章では，人を教え育てる仕事の中でも，学校教員を取り上げて，統計調査に基づきその実態を把握し，経済学の枠組みを用い実態を解釈していきます。

2 統計による実態把握

2.1 教員市場の規模

　学校教員の人数を把握するために，「国勢調査」による数値をみてみましょう。2015年10月時点（抽出速報集計値）によると，雇用者総数4,686万8,900人のうち「教員」は136万人です。「教員」の内訳はそれぞれ幼稚園教員（11

万1,200人），小学校教員（40万9,900人），中学校教員（22万4,200人），高等学校教員（27万0,100人），特別支援学校教員（6万9,600人），大学教員（17万5,400人），その他の教員（9万9,600人）という内訳で，教員の約66.5%を小学校，中学校，高等学校教員が占めています。

　学校教員の人数を把握する別の統計は，学校側から調査した「学校基本調査」です。なお，「国勢調査」とは統計のとり方が異なるため，必ずしも数値が一致しないことに注意が必要です。調査結果によると，2015年5月現在で，小学校教員は45万4,697人，中学校は29万6,433人，高等学校は30万7,705人です。設置者別の割合をみると，小学校は国立0.5%，公立98%，私立1.4%，中学校は国立0.8%，公立88.9%，私立10.3%，高等学校は国立0.3%，公立68.5%，私立31.2%と，多くの教員は公立部門で就業しており，公務員とりわけ地方公務員としての側面が見て取れます。

2.2　教師生徒比率，女性比率，兼務比率

　学校教員の人数は，その教育サービスの受け手である子どもの数と関係しています。**図表7-1**は，1970年から2015年までの，小学校・中学校・高等学校の教師1人あたり児童生徒数と，児童生徒数の推移を示しています。児童生徒数は1980年代にかけて増加していますが，それ以降は減少傾向にあります。教師1人あたり児童生徒数はその動きに合わせて緩やかに低下傾向にあります。

　女性比率の高さは学校教員の特徴の一つです。2015年時点で，小学校は約62%，中学校は約43%，高等学校は約31%です。国勢調査による雇用者総数での女性比率が約45.9%であることから，小学校教員は平均より高く，中学校は平均的，高等学校は平均よりやや低いところに位置しています。

　近年の傾向として，兼務教員の増加が指摘できます。「学校基本調査」は教員を本務教員と兼務教員に分けています。本務か兼務かは原則辞令により判断され，本務教員は所属学校の専任の教員，兼務教員は本務教員以外の教員と区分されます。一般的に，1人の教員でほとんどの科目を担当する小学校教員に対し，教科ごとに担当する中学校，高等学校教員の兼務比率は高い傾向にあり

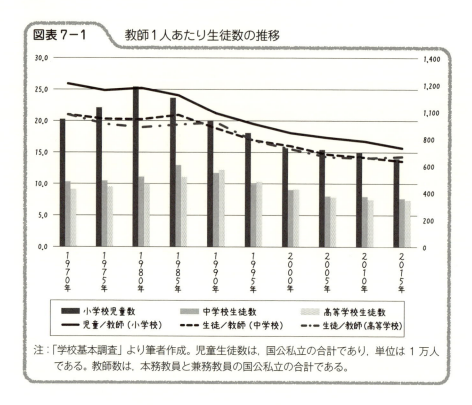

図表7-1　教師1人あたり生徒数の推移

注：「学校基本調査」より筆者作成。児童生徒数は，国公私立の合計であり，単位は1万人である。教師数は，本務教員と兼務教員の国公私立の合計である。

ます。それでも，2000年時点で，小学校は約2％，中学校は約8％，高等学校は約18％，2015年時点で，小学校は約8.3％，中学校は約14.4％，高等学校は約23.6％と，兼務教員比率は上昇傾向にあります。

2.3　年齢構成，入離職

教員に関してより詳細な情報を把握するには「学校教員統計調査」が参考になります。まず，教員の年齢構成を確認してみましょう。

図表7-2は年齢階級別の集計表より，34歳未満比率，50歳以上比率の1977年から2013年までの推移を示したものです。ここから，2つの傾向が観察されます。1つ目は，若年層が増えると高齢層が減り，その逆もまた観察されることです。2つ目は，近年は高齢者の比率が上昇傾向にあることです。一

図表7-2　教員の年齢構成の推移

	小学校		中学校		高等学校	
	34歳未満	50歳以上	34歳未満	50歳以上	34歳未満	50歳以上
1977年	38.1	21.8	34.4	17.2	35.1	20.3
1980年	43.7	25.9	36.8	22.2	34.7	22.7
1983年	46.2	25.9	42.3	24.1	33.9	24.3
1986年	44.4	24.3	44.8	23.2	34.9	23.9
1989年	40.8	21.1	44.2	21.9	34.7	23.4
1992年	35.8	17.5	42.4	18.8	32.4	25.9
1995年	29.5	16.8	35.8	17.1	28.8	26.9
1998年	24.3	18.9	29.9	16.5	23.9	28.2
2001年	19.7	24.4	24.4	19.3	21	29.9
2004年	18.9	29.6	21.2	23.1	20.1	31.4
2007年	20.6	35.3	20.6	28.2	18.4	34.5
2010年	23.5	38.1	22.1	33.4	18.4	37
2013年	26.9	38	25.4	36.6	20.3	40.1

注：「学校教員統計調査」より筆者作成。単位は％。

方で，高齢者はやがて退職していくため，それを埋めるように若年者が増えることが予測されます。他方で，今後の少子化傾向と財政状況を考慮すると，必ずしも若年者が雇用されるとは限らないため，より高齢化が進む可能性があります。

　異動（採用・離職）の特徴を確認してみましょう。まず採用について確認すると，2013年の小学校の採用者数は1万7,594人です。前職別の採用者数をみると，新卒採用は7,568人，それ以外が1万0,026人です。それ以外で最も多いのは前職が「臨時的任用及び非常勤講師」で6,375人です。中学校でも同様の傾向が観察されます。

　次に，他の学校に異動する転入について確認してみましょう。2013年で採用，転入，離職を合わせた異動者に占める転入者の割合を計算すると約65％です。内訳を確認すると，転入のうち約90％が同一県内からの異動です。これは，教員は頻繁にジョブ・ローテーションがある可能性と，いったん職に就くと同一地域に留まる可能性が高いことを示唆しています。

最後に，離職について確認してみましょう。2013 年で，離職者は小学校と中学校をあわせて 2 万 7,950 人です。離職の主要な要因は年齢によるもので，約 60% が定年によるものです。このことは，一度就業すると，長期間勤続することを示唆しています。加えて，離職は採用とも対応しています。採用者から離職者を引いた採用超過という指標を計算すると，1985 年までは採用が離職を大幅に上回っていましたが，近年は採用と離職が概ね同数になっているという傾向が観察できます。これは，離職に応じて採用を行っている可能性を示唆しています。

3 教員の労働市場

学校教員の労働市場について検討してみましょう。学校教員も他の職業と同様に，労働需要と労働供給の関係によって，均衡賃金と均衡雇用量が決まると考えられます。ただし，教員の労働市場は教育政策，人口動態や財政的制約から影響を受けます。その点を，Dolton [2009] に従い，**図表 7 - 3** を用いて説明します。

教員の労働需要は教育政策により規定されると考えます。具体的には，クラス 1 人あたり生徒数により教員の労働需要が決まります。例えば，生徒 40 人に対して教師を 1 人配置するのであれば，120 人の生徒がいれば教師を 3 人必要とします。ここでは単純化のため，教員需要曲線は政策で定められたクラス 1 人あたり生徒数で決まり，**図表 7 - 3** の D 線のように垂直であるとします。

教員の労働供給は賃金に対して弾力的であると考えます。労働者は自分自身が働いてもよいと思う賃金（留保賃金）より高い賃金が提示されると働きに出ます。提示される賃金が高ければ，働いてもよいと考える労働者は多くなります。留保賃金の低い労働者から順番に並べていったときに，教員供給曲線は**図表 7 - 3** の S 線のように右上がりとなります。

教員の労働市場が完全競争であるならば，教員需要と教員供給が一致する（Q^*）ように，教員賃金が調整され（W^*），**図表 7 - 3** の点 A で需給が一致します。しかし，財政的制約があるために，この状況は必ずしも達成されません。

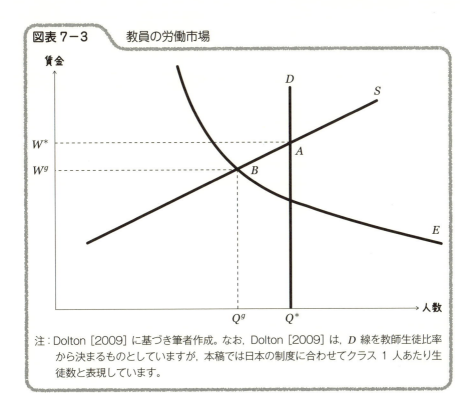

図表7-3　教員の労働市場

注：Dolton [2009] に基づき筆者作成。なお，Dolton [2009] は，D 線を教師生徒比率から決まるものとしていますが，本稿では日本の制度に合わせてクラス1人あたり生徒数と表現しています。

2.1項でみたように，学校教員の多くは公的部門，とりわけ地方自治体により雇用されています。その場合，ある予算内において，採用人数と平均支払い給与はトレードオフの状態となります。すなわち，1人あたりの給与を高くすれば，少ない人数しか採用できず，採用人数を多くしようと思えば，予算の制約内で，平均支払い給与を抑制する必要があります。したがって，財政的制約は**図表7-3**の E 線のようになります。

教員の採用人数と賃金は，**図表7-3**の点Bのように財政制約内で教員供給を満たすように決まります（Q^g, W^g）。教員需要線で決まる教員需要に対し，実際に採用数が少ない場合は，超過需要が発生していることになります。財政制約が緩和された場合，これまでと同じ平均給与を支払ったとしても採用人数を拡大することができるため，超過需要を緩和できます。したがって，教員の

労働市場を分析するには，教員需要を規定する要因，教員供給を規定する要因，財政的要因をそれぞれ考慮する必要があります。以下，教員需要と教員供給に焦点を当てます。財政的な要因については末冨［2010］を参照してください。

3.1 教員需要を決める要因

教員需要を規定する要因は大きく「人口動態要因」と「政策要因」に分けることができます。

3.1.1 人口動態要因

教育，とりわけ義務教育を需要するのは子どもです。したがって，子どもの数そのものが教員需要を決定します。さらに言えば，現時点で義務教育の対象となっている子どもの数だけではなく，出生人数からも影響を受けます。例えば，2016年度中に出生した子どもは2023年度には小学校に入学し，2032年度には中学校を卒業します。事実，出生率の高かった団塊，団塊ジュニア世代が義務教育対象年齢になるときに応じて教員採用を増加させ，少子化に応じて採用数を抑制するといったことが観察されました。

教員需要は，現在教員として採用されている年齢構成からも影響を受けます。2.3項でみたように，教員の離職の大部分は定年によるものであり，入職の大部分は新規採用です。そのため，現職者の高齢者比率が高ければ，将来の離職に備えて採用人数を増加させる可能性がありますが，若年者比率が高ければ，採用人数を抑制する可能性があります。**図表7-2**でみたように，日本全体でみれば，教員の年齢構成は高齢化している可能性が高く，少子化の進展もあわせて考えれば，教員需要は抑制される方向にあるといえます。

ただ，この現象には地域差があることも指摘できます。なぜなら年齢構成や子供の数は地域で必ずしも一様ではないからです。2015年度「公立学校教員採用選考試験の実施状況」によると，小学校教員の採用について最も高い競争倍率（受験者／採用者）は鹿児島の約10倍に対し，最も低いのは大阪市の約2.1倍であることからも確かめられます。

3.1.2 政策要因

教員需要を規定するもう1つの大きな要因は教育政策です。**図表7-3**で示されているように、教員需要は学級規模に応じた教員定数により決まります。学級規模は「公立義務教育諸学校の学級編制及び教職員定数の標準に関する法律」により定められています。執筆時点では、40人クラスが標準とされ、小学校1年生に関しては35人クラスが認められています。現行よりさらに少人数のクラスを編成しようと考えれば、それだけ教員が必要となります。

授業時間もまた教員需要に影響を与える可能性があります。日本では、授業時間やカリキュラムは学習指導要領によるガイドラインが定められています。仮に授業時間が増加した場合、現在雇用されている教員の労働時間を増やすか、採用人数を増やして対応する必要があります。また、カリキュラムの編成により、例えば理数系の科目が増減すると、それに応じて理数系科目に対応できる教員に対する需要が変動します。

3.1.3 その他の要因

教員需要に関するその他の論点として以下の3点を指摘しておきます。1つ目は地域性です。義務教育を担当する教員の採用主体は地方自治体ですが、その給与の大部分は義務教育費国庫負担制度により措置されています。地方自治体により、財政状況や人口構成は異なります。そのため、地域により異なった教員需要に直面することになります。

2つ目は教員以外の他の学校資源との関係です。教員需要の背後にあるのは教育の生産関数という考え方です（小塩［2002］）。教育の生産関数とは、学力というアウトカムは、学校資源、家庭環境、教育を受ける前の学力というインプットにより決まる関係を示したものです。教員は学校資源の一部と考えられますが、教員以外に学校施設やPC、ICT（情報通信技術）機器などもインプットとして考えられます。例えば、ICT機器が教員と同じような役割を果たすならば（代替的）、ICT機器の導入は教員需要を減少させますが、ICT機器は教員の生産性を向上させるのならば（補完的）、ICT機器の導入は教員需要を増加させます。

3つ目は科目ごとの需要です。2015年度「公立学校教員採用選考試験の実施状況」によると，中学校の教科別の競争倍率は，英語と数学は共に約6.2倍ですが，社会や保健体育は約10倍となっています。地域差も観察され，例えば，千葉県では英語は約6.9倍なのに対し，数学は約10倍です。執筆時点で，義務教育においてプログラミングの指導が検討されているようです。すると，理数系科目の需要はより増大すると考えられます。

3.2 教員供給を決める要因

教員供給は，新規採用，復職（育休，産休），離職抑制という視点がありますが，ここでは新規採用について検討してみましょう。日本において，小中学の学校教員として職を得るためには，前提として大学等で教員免許を取得する必要があります。免許保有または取得見込みの状態で教員採用選考試験を受けパスする必要があります。公立であれば各自治体の教員採用試験をパスし，各学校のマッチングを得て採用され，私立では個別の学校で採用されるというプロセスを経ます（文部科学省［2017a］）。教員免許取得や教員になるための訓練（大学で課程を修了すること）は教育政策により規定されます。また，教職はさまざまな職業の一つであり，潜在的に教職を目指す個人は，多くの職業の選択肢の中から教職を選択します。そのため，教職それ自身の待遇（賃金，福利厚生など）だけではなく，教職以外の職の待遇から影響を受けます。以下，それぞれについて検討してみましょう。

3.2.1 規制

教員として職を得るためには，教員免許を取得する必要があります。教員免許は3種類あり，普通教員免許，特別教員免許，臨時教員免許があります。普通教員免許には一種，二種，専修があり，それぞれ大学卒業程度，短大卒業程度，大学院修士課程修了程度と対応しています。「学校教員統計調査」の免許保有状況（小学校）によると，普通教員免許は約98.4％（うち一種78.7％，二種15％，専修4.5％）で，特別や臨時免許は合わせて1.6％と例外的といえます。

普通教員免許を取得するためには，教員養成課程が設置されている大学等にて，規定の単位数を取得する必要があります。代表的なのは，各都道府県に概ね1校ある教員養成系大学で所定の課程を修了し，免許を取得する方法です。教育学部以外であっても，教職課程が設置されていれば，例えば経済学部で中学校社会公民の教員免許を取得することができます。2013年の「学校教員統計調査」によると，大学卒の新規採用者数に占める教員養成大学の出身者割合は約46％（小学校 約53％，中学校 約34％）です。1995年の約65％（小学校 約77％，中学校 約49％）と比べると，近年は低下傾向ですが，それでも新規採用者の約半数は教員養成出身者です。

　このことは，教員供給は教員養成系学部の定員に影響を受けることを意味します。そこで，教員養成系大学の定員数の傾向を確認してみましょう。『全国大学一覧』によると，教員養成系学部の多くは国立大学に属しており，国立大学の定員は一般的に容易に変更が困難なため，教員供給は政策的に制御されていると考えます。1990年では大学定員の合計約41万人に対し，教員養成系は2万1,000人であったのが，2016年では大学定員の合計約60万人に対し，教員養成系は1万1,800人と規模が縮小しています。

　近年の変化として以下の2点を挙げておきます。1点目は教職大学院です。2008年より，指導的役割を持つ教員の養成を目的とした教職大学院が教員養成系大学を中心に開校されました。教育訓練の機会が拡大されたことを意味しますが，大学院を経たことがどのような効果をもたらしているかは慎重に評価される必要があります。

　2点目は2007年に導入された教員免許更新制です。その目的は「その時々で求められる教員として必要な資質能力が保持されるよう，定期的に最新の知識技能を身に付けることで，教員が自信と誇りを持って教壇に立ち，社会の尊敬と信頼を得ることを目指すもの」で，現状は10年に1回に更新講習を受講することで更新可能です。これは，教職になるための訓練費用の増加を意味しますが，その費用に見合う効果があるかどうかは慎重に評価される必要があります。

3.2.2 職業選択行動

教員として就業することは，複数ある選択肢の中から教職を選択する行動であるといえます。教職を選択するかどうかは，教職になれば得ることができる便益から教職になるための費用を差し引いた純便益を，他職を選択したときのそれと比較することで決まります。教職になれば得ることができる便益には金銭的なものと非金銭的なものがあります。金銭的な便益は給与ですが4.2項であらためて言及します。非金銭的便益は，給与には必ずしも現れない，労働条件です。例えば，産休・育休取得のとりやすさが考えられます。他には，教えること自体からの満足感も考えられます（油布［2014］）。

3.2.3 女性の労働市場との関連

2.2項でみたように，学校教員は他の職業と比べ相対的に女性比率が高いという特徴があります。また長期勤続といった特徴もあります。平成25年度の「学校教員統計調査」によると，小学校教員の平均勤続年数は男性で19.7年，女性で18.5年，中学校のそれは男性で19.3年，女性で17.1年です。同じ年の「賃金構造基本調査」によると，一般労働者全体で男性の平均勤続年数は13.3年，女性の平均勤続年数は9.1年です。他職と比較し平均勤続年数が長い理由は，金銭的な待遇面だけではなく，育児休暇のとりやすさや異動がある地域内に限定されるといった女性にとって働きやすい労働環境である可能性があります。

教職が女性にとって働きやすい職業であるなら，労働市場における女性の雇用機会の変化は教員市場に影響を与えていると考えられます（Corcoran, Evans, and Schwab［2002］）。教職に就くためには大学で教職課程を経る必要があるので，入職傾向は学部の選択行動に表れるはずです。そこで，「学校基本調査」より女性の大学学部選択の統計を確認してみましょう。関係学科別入学者に占める女性比率の推移を確認すると，1984年時点で教育系は51.8％，人文系は60.7％，社会科学系は9.9％でした。その後，1986年に男女雇用機会均等法が施行され，さまざまな企業において男女の雇用平等が図られることとなりました。このことにより進学先に変化が生じたか確認してみましょう。教育

系と人文系の女性比率は 2014 年までにそれぞれ 66%，58.8% と安定的に推移していますが，社会科学系は 2014 年までに 34.7% と急上昇しています。過去 30 年間で女性の大学進学率そのものも上昇しているので，女性がどのような学部を選択するようになったのか，大学に入学した全女性の学部毎の相対シェアを計算してみましょう。1984 年時点では，人文系 35%，教育系 16.6%，社会科学系 15.5% だったのが，2014 年時点では人文系 21.2%，教育系 10.2%，社会科学系 25.3% と，大学に入学する女性は選択する学部を変更しています。つまり，雇用機会均等法などによる女性の職業選択機会の拡大は，女性の進学先を教職と関連する教育学部から就業機会を拡げやすいと考えられる社会科学系にシフトさせたと考えられます。

4 学校教員の待遇

4.1 労働時間

　学校教員の労働時間は仕事内容と関連しています。教員の仕事は法で規定されています。教育基本法第 1 条は「教育は，人格の完成を目指し，平和で民主的な国家及び社会の形成者として必要な資質を備えた心身ともに健康な国民の育成を期して行われなければならない」とその目的を明示し，教員の仕事は同法第 9 条で「法律に定める学校の教員は，自己の崇高な使命を深く自覚し，絶えず研究と修養に励み，その職責の遂行に努めなければならない」とされています。したがって，教員の仕事は，教育の目的を達成するために授業等を実施し，絶え間ない研鑽研究と修養に従事することといえます。加えて，学校という組織を運営するための業務もあります。

　教員の時間配分を 2006 年の「教員勤務実態調査」から確認してみましょう。月によって多少異なりますが，第 4 期（10 月）の労働時間をみると，教諭の 1 日あたり勤務時間数は 10 時間 47 分で，うち残業時間が 1 時間 55 分です。その内訳をみると，児童生徒に直接的に関わる業務は 6 時間 55 分，間接的に関わる業務は 2 時間 7 分，学校運営業務は 1 時間 37 分，外部対応は 8 分です。

小学校と中学校を比べると，時間配分は概ね同じような傾向にありますが，全体的に中学校の方が労働時間は長い傾向にあります。これは部活動など課外活動の影響が考えられます（内田［2015］）。1966 年と 2006 年の「教員勤務実態調査」を比較した文部科学省の資料によると，勤務時間内での生徒指導や事務的な業務の時間が増えたために，これまでなら勤務時間内で対応していた学校行事などの業務や授業準備を残業で対応していることが指摘されています。

日本の学校教員の労働時間が長いことは国際比較からも明らかとなっています。2013 年の経済協力開発機構（OECD）「国際教員指導環境調査（TALIS）」によると，調査参加国 38 カ国平均が 1 週あたり 38 時間に対し，日本は 54 時間と最も長いと報告されています。とりわけ，放課後のスポーツ活動など課外活動における指導時間が長いことが指摘されています（国立教育政策研究所［2014］）。

ところで，教員は他の職と比べ労働時間が長いのでしょうか。それを確認するために，個人の活動時間を記録した 2006 年の「社会生活基本調査」の職業別の統計を確認してみましょう。その調査にある教員は学校教員以外のそれを含んでいることに注意が必要ですが，平日仕事のある日の仕事時間は約 580 分と推計されています。これは有業者総数の 479 分より約 100 分長く，採掘作業者，運輸・通信従事者や技術者に次ぐ長さです。

労働時間と訓練の関係も重要です。教育公務員特例法 21 条によると，「教育公務員は，その職責を遂行するために，絶えず研究と修養に努めなければならない」と規定されています。そのため，教員には法定研修である初任者研修 10 年経験者研修だけではなく，さまざまな研修の機会が与えられています（文部科学省［2017b］）。ただし，長時間労働により訓練に充てられる時間は減少していると考えられます。「教員勤務実態調査」によると，必要な業務を遂行するために，残業時間を増やしている一方で，自己研修の時間が減少しています。また，TALIS は，職能開発への参加の障壁の主要な理由を，仕事のスケジュールと職能開発の日程が合わないことと報告しています。

4.2 賃金

　賃金面についてみてみましょう。学校教員の大部分は地方公務員であるので，給与は「地方公務員給与実態調査」で把握できます。一方で私立高等学校の給与は「賃金構造基本調査」で把握できます。ここで注目するのは賃金が勤続年数を経るごとにどのように上昇するのか（賃金プロファイル），教育職と一般行政職とでどのように異なるのか，民間とどのように異なるのかです。

　図表7-4は小中学校教育職，高等学校教育職，一般行政職，私立高等学校教員（学校教員），民間企業の賃金プロファイル（勤続年数別給与）をプロッ

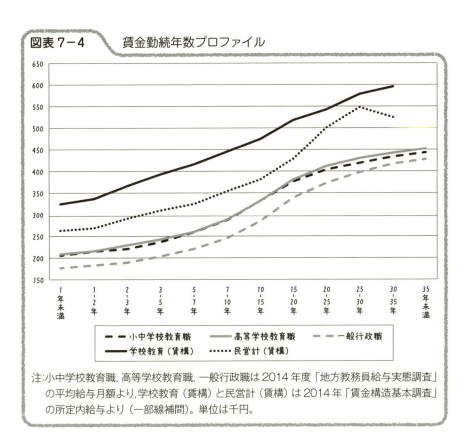

図表7-4　賃金勤続年数プロファイル

注：小中学校教育職，高等学校教育職，一般行政職は2014年度「地方教務員給与実態調査」の平均給与月額より，学校教育（賃構）と民営計（賃構）は2014年「賃金構造基本調査」の所定内給与より（一部線間補）。単位は千円。

トしたものです。「地方公務員給与実態調査」の数値は大卒の平均給与月額，「賃金構造基本調査」の数値は大学・大学院卒の所定内給与額です。両者は把握される学歴や金額に含まれる手当が異なるため，厳密な比較には注意が必要ですが，以下のことがわかります。

(1) 小中学校教育職と高等学校教育職はほぼ重なり，一般行政職と比べどの勤続年数でも高いが，上がり方は概ね並行である。
(2) 勤続年数別に見ると，民間と比べ公務員の給与水準は低い傾向にある。

以上の観察は，第9章で言及される公務員一般の傾向と同様です。異なる点は，一般行政職と比較し教育職の給与月額が全体的に高いことです。これは1974年の人材確保法による影響です。人材確保法により1973年度から1978年度にかけて合計25%の教育職の給与の引き上げのための予算措置がなされました。その結果，教育職の給与は一般行政職と比べ高くなっていますが，現在ではその差は縮小傾向にあります。

4.3 雇用形態

2.2項でみたように，「学校基本調査」によると，兼務教員は増加傾向にあることが観察されます。ただし，統計の性質上，以下の2点に注意が必要です。第1に，「学校基本調査」は学校側の調査なので，二重にカウントされている可能性がある点です。例えば，ある人が2つの学校で兼務教員として働いていれば，それぞれの学校で兼務教員が1人ずつ計上されてしまいます。第2に，一般的に非常勤の講師は兼務に含まれますが，再任用だが常時勤務の場合や産休代替教員は本務に含まれるなど，その内訳は単純ではないことです。

そこで，別の統計調査から傾向を確認してみましょう。2012年の「就業構造基本調査」によると，全従業員に占めるパートなどを含む非正規従業員の割合は，小学校で約12.8%，中学校で13.1%，高等学校で19.8%であり，全体の約38%と比べれば低い数値になります。なお，同じ年の学校基本調査では，

小学校で約 6.8%,中学校で 13.2%,高等学校で 23.1% です。文部科学省の資料(文部科学省［2012］)によると,2000 年代以降「非正規」教員が増加傾向であることが報告されています。これは日本の労働市場全体と同じような傾向であることが指摘されています(高橋［2014］)。

「非正規化」がもたらす影響としてどのようなものが考えられるでしょうか。第 1 に,キャリアの初期段階で仕事を通じた訓練を受けることができない可能性が指摘されています(金子［2014］)。第 2 に,学卒後すぐに正規就業できない可能性が高いことは,その職業に就くことの魅力を減じさせることが考えられます。

5 教員市場を考える視座

本章では人を教え育てる仕事として学校教員に着目しました。公表されている統計調査の結果を示し,経済学の枠組みを用い実態を解釈しました。教員需要を決定する要因として,子どもの数といった人口動態要因と教員定数など政策要因があります。教員供給を決定する要因として,免許や教員養成系大学の定員などの政策的要因だけではなく,待遇面や他の職業の待遇との関係も重要です。教員を取り巻く待遇として,労働時間の長さ,賃金の状況,「非正規」問題について指摘しました。

米国の研究によると学校教員が子どもの成果(学力やその後の所得)に与える影響は大きいとされています (Chetty, Friedman and Rockoff［2014a,b］)。外国での研究結果がそのまま日本に当てはまるかどうかは慎重に判断すべきですが,教員が学校教育におけるキーファクターであり,人的資本形成に影響を与えうることは論をまたないでしょう。

今後少子化が進展していくと,それに応じて教員需要は減退していくと考えられます。一方で,技術革新に伴い変化する状況にどのような対応していくのか,学校教育がどのように対応するのかが今度重要になるでしょう。そのような外的な変化に対して,教員の訓練,働きかた,給与体系をどのように設計していくかがキーとなると考えます。その際に,とかく経験で語られがちな教育

分野に経済学の手法や統計調査を用いた評価（中室［2015］）が重要になると考えます。

╲参考文献╱
内田良［2015］『教育という病』光文社新書。
小塩隆士［2002］『教育の経済分析』日本評論社。
金子真理子［2014］「非正規教員の増加とその問題点──教育労働の特殊性と教員キャリアの視角から」『日本労働研究雑誌』No.645, pp.42-45。
国立教育政策研究所編［2014］『教員環境の国際比較』明石書店。
末冨芳［2010］『教育費の政治経済学』勁草書房。
高橋康二［2014］「講師・インストラクターの労働市場」『日本労働研究雑誌』No.645, pp.38-41。
中室牧子［2015］『「学力」の経済学』ディスカヴァー・トゥエンティワン。
文部科学省［2012］「非正規教員の任用状況について」
    http://www.mext.go.jp/b_menu/shingi/chousa/shotou/084/shiryo/__icsFiles/afieldfile/2012/06/28/1322908_2.pdf
文部科学省［2017a］「教員免許制度の概要」
    http://www.mext.go.jp/a_menu/01_h.htm
文部科学省［2017b］「教員研修」
    http://www.mext.go.jp/a_menu/shotou/kenshu/index.htm
油布佐和子［2014］「制度改革期における中学校・高等学校教師の仕事」『日本労働研究雑誌』No.645, pp.34-37。
Chetty, R., Friedman, J. N. and Rockoff, J. E.［2014a］"Measuring the Impacts of Teachers I: Evaluating Bias in Teacher Value-Added Estimates." *American Economic Review* 104(9), pp.2593-2632.
Chetty, R., Friedman, J. N. and Rockoff, J. E.［2014b］"Measuring the Impacts of Teachers II: Teacher Value-Added and Student Outcomes in Adulthood." *American Economic Review* 104(9), pp.2633-79.
Corcoran, S. P., Evans, W. N. and Schwab, R. S.［2002］"Changing Labor Market Opportunities for Women and the Quality of Teachers 1957-1992", *NBER working paper* No. 9180.
Dolton, P.［2009］"Teacher Supply". in Brewer, D. J. and McEwan, P. J. eds., *Economics of Education* Elsevier.

第8章

人の健康・生活を支える仕事
―― 介護の現場で活躍する人たち ――

　本章では，私たちの命や健康に密接に関わる職業の中から近年需要が急増している介護の仕事を取り上げる。介護職の労働力不足が問題になっている。通常の市場であれば，モノやサービスの需要が供給を上回れば価格は上がるはずである。なぜ介護職では人口高齢化によって労働需要が爆発的に増大し，供給が不足しているにもかかわらず賃金が上がらないのだろう。公的保険の存在などからその仕組みを明らかにしながら，介護職の仕事の内容，賃金，キャリア形成を考える。また，介護サービスへの需要の高まりを雇用創出の機会と捉え，近年の異業種の参入，介護に関する技術革新などから介護職の未来を展望する。

代表的な職業・職種
医師，看護師，介護福祉士，ホームヘルパー，保育士

Key Words
少子高齢社会，公的保険，公定価格，離職，介護支援ロボット

職業シェア

10%
保健医療従事者，
社会福祉専門職業従事者，
介護サービス職業従事者等

1 医療・福祉の仕事の特徴

「医療・介護を日本の成長戦略の柱に」などという見出しを新聞や雑誌で見かけたことはありませんか。厚生労働省「平成 27（2015）年度医療費の動向」「平成 27（2015）年度介護給付等実態調査の概況」によると，2015 年度の国民医療費は 41.5 兆円，同年度に給付された介護費用（介護予防サービスを含む）の総額は 9.5 兆円と，保険を通したサービスだけでも 50 兆円を超えるお金が医療・福祉に使われています。また，「国勢調査」によると，およそ 710 万人が医療・福祉の分野で働いており，雇用者の割合では，製造業，卸売・小売業に次ぐ大きさです。医療・福祉を産業として見ると，日本経済の中で重要な位置を占めていることがわかります。本章では人の健康・生活に密接に関わる医療サービスや福祉サービスの供給に携わる職業を取り上げ，その特徴を見ていきます。

第 6 章では市場で取引される一般的なサービスを取り上げ，宿泊・飲食業に関わる仕事についての紹介・考察が行われましたが，これらのサービスと医療・福祉サービスでは多くの点が異なります。まずはその違いに注目してみましょう。

> 医療・福祉に関する制度・政策は頻繁に改正が行われています。この章に書かれたものについては 2017 年 7 月時点で確認していますが，最新の情報については厚生労働省のホームページなどで改めて確認してください。

1.1 公定価格・公的保険の存在

医療サービス，そして代表的な福祉サービスである介護の両者とも，日本では社会保険という制度を通じて提供されています。保険を運営する主体（例えば保険会社や政府など）を「保険者」，その加入者を「被保険者」と呼びますが，被保険者である私たちは保険料を拠出（保険者に保険料を払い込むこと）し，その見返りとして，将来医療や介護が必要になった時に保険給付として

サービスを利用できる仕組みです。社会保険と民間保険の一番大きな違いは，社会保険は法律によって強制加入が義務付けられていることです。

　まず医療サービスについて見てみましょう。日本に住む私たちは，病気になったりけがをしたりした時，健康保険証を持って診療所や病院に行けば，一部負担金（原則3割）のみを支払うことで医療サービスを受けることができます。これは日本国民の全員が健康保険，あるいは国民健康保険と呼ばれる公的医療保険に加入し一部負担を除いた費用は保険者から支払われているからです。街のリラクゼーション・サロンで20分3,000円のマッサージを受ければ全額をお店に払わないといけないのと異なります。

　一方の介護ですが，こちらは，2000年から介護保険制度が始まりました。この制度ができるまでは高齢者の介護は家族が担うというのがおおかたの社会的通念でした。いわゆる公的な介護は家族による介護を受けられない高齢者に限られ，自治体による「措置制度」に基づいて入所介護を中心に行われていました。措置制度とは，サービスの利用に際し，行政機関がサービスを実施するかどうか，サービスの内容，提供事業者を決定する仕組みです。この頃は家族による高齢者介護が当然のように考えられていた時代でしたので，入所希望者もまだ限定的で，入所にあたっては低所得者や身寄りがない人が優先されていました。ところが，拠出を伴う社会保険が整備されたことで，要件を満たした被保険者には定型的に介護給付が行われることになりました。介護が必要な高齢者は，要介護認定などの一定の手続きを経て，介護サービスを利用することができます。本人が負担する費用は全費用の1割で済み，これによって介護サービスの市場が一気に拡大したのです。

　医療保険も介護保険も，被保険者は事前に保険料を支払うことで，実際に利用する際には全費用の一定の割合を負担することでサービスを購入できます。つまり実際にかかる費用と個人が負担する費用に違いがあり，そのことでモラルハザードといわれる行為を誘発することがあります。例えば，保険がなければちょっとした風邪なら売薬で済ませるのに，保険があるため3割負担で済むといって不必要に受診を繰り返したりするような行為です。こうしたことで国全体の医療費がどんどん膨らんでいるというような説もあります。

また、価格についても、医療・介護サービスは一般のサービスと異なります。日本の医療・介護サービスの価格は政府によって定められています。具体的には、診療行為のそれぞれに公定の価格（診療報酬と言います）がつけられ、1つひとつの診療報酬を足し合わせて医療費の総額が決定されます。ホテルのサービスと比較してみましょう。一泊十万円もするような一流ホテルに泊まれば、それに見合った高いサービスを受けることができます。一方出張で寝られればよいだけの場合なら一泊何千円のビジネスホテルを選び、費用を節約しようとします。ところが、医療、介護サービスにおいては一律の価格の下、患者や利用者はサービス事業者を選ぶことになります。ここで事業者たちは、同一価格のもと、「質」を競い合うことになります。しかし、医療や介護の質を私たちはどう評価すればよいのか。難しい問題が残ります。

1.2　個人の生命・生活に直接関わる仕事

次に、医療・介護サービスが一般的なサービスと大きく異なっている点として、医療・介護ともに私たちの生命や生活に直接影響するということがあります。医療サービスの質が悪ければ死に結びつくこともあります。また医療サービスを必要としているのは病気やけがを抱えている患者ですし、さらに提供されるサービスの内容についても専門的な知識を持ちません。このようにサービスの需給の両サイドで持ち得る情報の量に差があるようなことを「情報の非対称性」と言います。これはサービスの提供者よりも利用者の方が圧倒的に弱い立場にあることを意味します。

介護サービスに至っては、サービスの利用者は要介護（要支援）の高齢者です。認知症等で合理的な判断をできない状態にあることも少なくありません。サービスの内容が不十分なものでも苦情を言うことができない場合もあります。高齢者施設で起きた虐待などが報道される度、サービスの質を確保するためには行政による規制や監督が必要なのだと実感することになります。

一方、自分たちが住んでいる地域で感染症の患者が出たときのことを考えてみましょう。このような場合、当の患者だけの問題にとどまりません。周りの

者に感染が広がらないように患者を隔離して治療することも必要になります。その意味では特に医療サービスは公共性が高いサービスであるといえます。

1.3 資格に基づく仕事

医療・福祉サービスに関わる職業の多くが国家資格を伴っています。国家資格とは，国の法律に基づいて，各種分野における個人の能力，知識が判定され，特定の職業に従事すると証明される資格です。国家資格と実際の業務の遂行の関係の厳密さには職業によって違いがあり，医師，看護師，薬剤師は，有資格者以外が携わることを禁じられている業務を独占的に行うことができる「業務独占資格」に分類されています。一方保育士，社会福祉士，介護福祉士などは，有資格者以外はその名称を用いて業務を行うことが認められていない「名称独占資格」と分類されています。つまり，介護福祉士の資格を持っていなくても介護施設で働くことはできますが，「介護福祉士」と名乗ることはできないということです。

介護保険の整備によって一気に居宅介護サービスが広まりましたが，訪問介護員（ホームヘルパー）として訪問介護を行うには資格が必要です。訪問介護員の資格を得るには「介護職員初任者研修」（研修時間は 130 時間）を修了することが必要です。以前は「ホームヘルパー 2 級」という資格でしたが，2013 年 4 月から現在の制度に変わりました。

1.4 背景としての技術革新と超高齢社会

現在日本では高齢化が加速し，75 歳以上のいわゆる後期高齢者が急増，同時に介護を必要とする高齢者も増加の一途をたどっています。医療技術の急速な発展によりかつては救うことができなかったような病も治療することが可能となったことも一因で長寿化が進み，2017 年現在日本の平均寿命は，男性が 80 歳，女性が 87 歳で，世界でも最高水準を誇っています。一方では晩婚化・非婚化などを主要な原因として少子化も進んでいます。子どもからの介護を期

待できない老親がお互いに介護する「老老介護」などという言葉も生まれました。また，一人暮らしの高齢者も増加していることから，家庭における介護の機能が大幅に低下しているのです。

このような少子高齢化はさまざまな産業に影響を与えていますが，中でも医療・介護産業への影響はどの産業にもまして直接的かつ増大なのです。少子高齢化の中で進行する要介護者の増加はそのまま介護サービスへの需要の増加につながります。ここで要介護者数がどのように変化してきたか見てみましょう。

図表8-1で示したように，介護保険導入時の2000年には210万人程度であった要介護認定者が2015年時にはおよそ3倍の600万人に増加しています。定員の定めがある施設介護サービスを受ける高齢者数は微増している反面，居宅サービス利用者は着実に増えその数は400万人に迫っています。

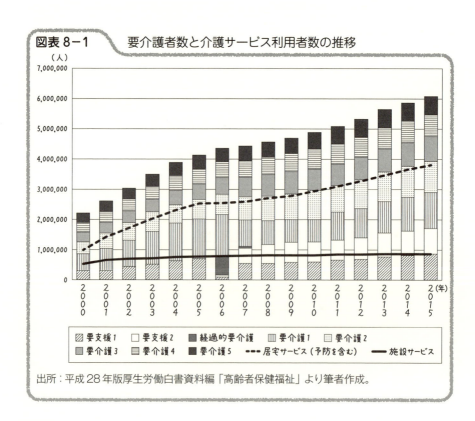

図表8-1　要介護者数と介護サービス利用者数の推移

出所：平成28年版厚生労働白書資料編「高齢者保健福祉」より筆者作成。

2 介護支援専門員（ケアマネジャー），介護職員，訪問介護員（ホームヘルパー）の仕事

　本節では，高齢者介護サービスの供給に関わる主要な3つの職業を取り上げて，その仕事の実態に迫ります。訪問介護員とは，ホームヘルパーとも呼ばれる職業で，介護保険法の指定を受けた訪問介護事業所で働き，高齢者等の家庭を訪問して家事などの生活援助，入浴介助などの身体介護を行います。訪問介護員として働くには「介護職員初任者研修」を修了することが必要です。介護職員とは，訪問介護以外の介護保険の指定介護事業所で働き，直接介護を行う者を指します。先にも述べましたが，介護福祉士の資格を持たなくても介護施設で勤務することはできますが，介護福祉士と名乗ることはできません。「介護福祉士」というのは，1987年に新しく制定された法律に基づく国家資格で，この名称を名乗り，専門的知識や技術をもって介護を行うとともに，介護に関する指導を行うことができる資格と定められています。介護保険によるサービス利用のためには，実際の利用に先立ってケアプランを作成することが要求されるのですが，その作成を担当するのが介護支援専門員の重要な仕事の一つです。介護支援専門員はケアマネジャーとも呼ばれています。

2.1 介護サービス需要の中身と求められる労働力

　介護の仕事とはどのようなものなのでしょうか。米国では福祉の現場で人々に実際にケアを施す仕事に就く人を direct care worker と呼びます。これは介護の実態をよく表している表現だと思います。介護関係の資格取得のためのマニュアルなどを見てみますと，排せつ，食事，入浴の介助が三大介護と言われており介護の主幹であるようです。言ってみれば人間の基幹的な行為の介助を行うのが介護であるのです。

　実際にこのような職業に就いているのはどのような人たちなのか。介護労働安定センターが行っている「平成26（2014）年度事業所における介護労働実

態調査」（以降「介護労働実態調査」）の結果から介護労働者の特性を見てみましょう。介護労働者のうち，女性が78.3%，男性が18.8%となっています。職種別に見ますと，訪問介護員の88.3%　介護職員の74.2%，介護支援専門員の74.0%が女性です。介護職イコール女性の印象ですが，施設介護を担う介護職員，専門職である介護支援専門員に関しては，およそ4分の1は男性が担っています。就業形態で見ると，訪問介護員の約80%，介護職員の約40%は非正規職員でした。職種別平均年齢は，訪問介護員が52.7歳，介護職員は42.5歳，介護支援専門員は48.2歳となっています。資格についてはどうでしょうか。介護職員の47%が介護福祉士の資格を保有し，訪問介護員の80.3%が介護職員初任者研修（旧ホームヘルパー2級に当たる）を修了しています。介護職員初任者研修修了者割合が100%とならないのは，制度移行の過程であることや，人材を獲得するため実質的に事業者が援助し，働きながら研修を受けているケースがあることが原因でしょう。

　公的介護保険による給付が行われる介護サービスには大きく分けて居宅介護と施設介護の2種類がありますが，それぞれのサービス内容に特徴があり，需要が異なります。居宅・施設それぞれの現場での仕事の特性に注目して訪問介護員・介護職員の仕事の中身を見てみましょう。

訪問介護員

　訪問介護員の仕事は家事援助を含めた生活支援，食事介助・排泄介助・入浴介助などが中心です。女性が家庭で担ってきた家事や子育て，親の介護などの経験が活かせる仕事です。専業主婦としての経験がそのまま職業に活かせるため，子育て後の再就職先として有望な仕事といえるでしょう。また，職場が個人宅であることは，身近な地域における雇用機会として捉えることもできます。たとえて言うなら，自転車で通える身近な職場です。

　利用者の側からも，居住空間に入ってくる，衣類の着脱，入浴補助など直接身体に触れるサービスも多いことから，女性からのサービスを望むことが多くなります。これは居宅介護サービスを利用している高齢者のおよそ70%が女性であることも影響しています。

居宅介護の求めるサービスの中身は生活に直接関わることであり，定時に限定されない需要が発生します。起床や食事，入浴時間，要介護者の状態によっては24時間体制での介護などサービス需要はまんべんなくあるのではなく一定の日時に集中します。需要が集中する時間帯，夜間，休日など不規則な勤務に対応するためには柔軟な働き方ができる非正規の労働者が必要となります。実際訪問介護員の多くがパートタイマーとして勤務しています。労働供給者の女性からは，仕事と家庭の両立が可能であること，労働需要者の事業者からは，世帯の主たる稼ぎ手ではなく家計補助者として収入が少なくても就業可能な既婚女性への需要が高く，両者の需給がうまくマッチしているのです。

介護職員

施設の中で介護保険の給付対象となるのは①介護老人福祉施設（特別養護老人ホーム），②介護老人保健施設，③介護療養型医療施設の3つに限定されています。「特別養護老人ホーム」（略称：特養）は，1963年の「老人福祉法」に基づいて作られ，当時も現在も施設介護の中心的な役割を担っています。特養での仕事を見てみましょう。

特養に入居できるのは要介護3以上の介護認定を受けた被保険者です。実際には最も介護を必要とする要介護4・5程度の利用者がほとんどで，1日24時間・365日，サービスを提供できる体制が要求されます。そのような勤務体制に対応できる職員が必要になりますから，居宅介護サービスでは既婚女性への需要が高いのに対し，ここではむしろ若年単身者への需要が高くなります。また，正規の職員として働く機会にも恵まれますので，若年単身の雇用者のニーズにも合っています。

2.2　雇用者は社会福祉法人・株式会社・NPO法人

訪問介護と施設介護サービスを提供する組織について見てみましょう。厚生労働省が行っている「介護サービス施設・事業所調査」によると，2015年10月1日現在で，訪問介護を行っているのは34,823事業所，介護保険施設のうち，

介護老人福祉施設（特養）が7,551施設，介護老人保健施設が4,189施設，介護療養型医療施設が1,423施設でした。介護保険の制定後，訪問介護事業所・特養の数がどう推移してきたかを**図表8-2**で見てみましょう。

措置制度の時代，介護サービスを提供できるのは行政機関か社会福祉法人に限定されていましたが，介護保険が制定されて以降，居宅サービスについては，一定の設備基準や人員配置基準を満たせば，営利法人（株式会社）でも保険対象の事業を行えることになりました。しかし，現在も特養での施設介護サービスを行えるのは自治体か社会福祉法人に限定されています。社会福祉法人というのは非営利の公益法人で，法人税や固定資産税の非課税など税制上の優遇処置が受けられる一方，設立には厚生労働大臣や都道府県知事等による認可が必要など，厳格な基準が適用されます。そのようなことから特養でのサービス供給は必要な人の数に対して不足しています。一方株式会社の参入が許された訪

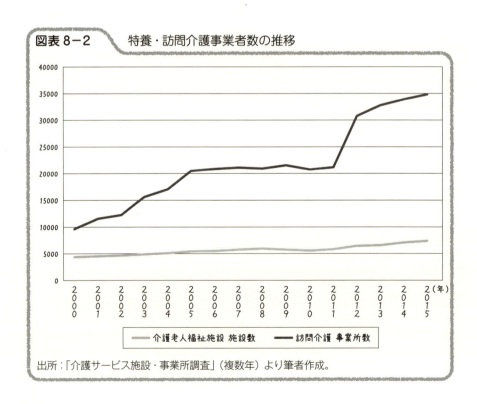

図表8-2 特養・訪問介護事業者数の推移

出所：「介護サービス施設・事業所調査」（複数年）より筆者作成。

問介護サービスでは，事業者数が増えています。同調査では，訪問介護事業所の 64.8% が株式会社でした。

2.3 専門職かサービス職か

　介護支援専門員と介護職員，訪問介護員は連携して介護にあたるわけですが，「日本標準職業分類」によると介護支援専門員は専門的・技術的職業従事者のうち中分類社会福祉専門職業従事者になります。一方，介護職員と訪問介護員はともに，サービス業従事者のうち中分類介護サービス職業従事者です。仕事の内容で近いと思われる家政婦（夫）や家事支援サービス職業従事者は，中分類家庭生活支援サービス職業従事者に属しています。

　介護サービス職業従事者は，「医療施設，福祉施設等において入所者及び通所者に対し，（中略）介護を必要とする者の居宅を訪問し，その者に対し，入浴，排せつ，食事等の介護の仕事に従事するもの」と定義されています。一方，家庭生活支援サービス職業従事者は，「個人の家庭において，調理・育児・洗濯・掃除・介護などの生活を支援するためのサービスの仕事に従事するもの」と定義され，訪問介護員と似通った職務に従事する者と考えられます。

　訪問介護員と家事サービス業は重複する部分が大きいことから，事業者の人材確保は家事サービス業者と競合することになります。働く側からは，資格取得やキャリアパスなど自分が望む職業像，賃金，職場の環境その他の要素によってどちらかを選択することになるでしょう。

3　介護職の賃金，入職・離職

　介護サービス需要の増大化するなか，介護人材不足が続いています。他の業種と比べると仕事のきつさの割に賃金が安いと言われ，離職率が高い職業の一つですが，近年は人材確保のためにさまざまな政策も行われています。実際はどのようになっているのでしょうか。まずは離職率から見ていきましょう。

3.1 介護職の離職率

「介護労働実態調査」によると，2014 年度の訪問介護員と介護職員の離職率はそれぞれ 14.0% と 17.5% でした。2014 年の雇用動向調査に基づく全産業の平均 15.6% と比べてみますと若干高めです。さらに詳しく見ますと，正規の介護職員の離職率は 14.8% ですが，非正規職員の場合は 22.6% となっています。離職率の高さは非正規の介護職員に顕著なようです。「平成 26 年介護労働者の就業状態と就業意識調査」では，直前の介護の仕事を辞めた理由を聞いています。最も多かったのは「職場の人間関係に問題があった」の 26.6%，次に「法人や施設・事業所の理念や運営のあり方の不満があった」の 22.7% でした。「他に良い仕事・職場があったため」は 18.8%，「収入が少なかったため」は 4 番目に多い理由で，18.3% でした。

離職者の内訳は，1 年間に離職した非正規介護職員のうち 48.5% の勤務年数が 1 年未満，31.7% のそれが 1 年以上 3 年未満でした。介護職の離職率の高さは，やりがいを持って取り組んでいたコアな職員が辞めていくというよりも，職についてみたけれどやっぱり合わなかったから辞めるという職員の存在によって生じていると推測できます。「介護労働実態調査」によると，現在の仕事の前に収入を伴う仕事をしていた人のうち，56.4% が直前の仕事は介護の仕事でなかったと答えています。男性 3,354 人のうち 61.3%，女性 13,299 人のうち 55.2% が介護以外の職業から転職してきています。また，従業員が不足する原因として，離職率の高さよりもむしろ，採用の困難さを挙げる事業者が多いようです。サービス需要の増大に新規採用が追いつかず，慢性的な人手不足が続いているのです。

3.2 介護従事者の採用

施設・事業所は訪問介護員・介護職員をどう募集・採用しているのでしょうか。「介護労働実態調査」によると，最も活用されているのがハローワークに

よる求人で，訪問介護員については66.1%，介護職員については75.4%の事業者が活用していました。次に多いのが職員・知人を通じてのリクルートです。ほぼ30%の事業者が利用していました。一般的と考えられる学校・養成施設等の進路指導を通しての採用は低めで，訪問介護員ではわずか4.3%，介護職員でも12.4%の事業者の利用にとどまりました。また，訪問介護員については72.5%，介護職員については67.5%の事業者が定期採用をしていないと答えています。介護という特殊な職務内容を理解したうえで入職してもらった方が定着しやすいことがわかっているからでしょう。

3.3 男女別介護サービス従事者の賃金プロファイル

離職理由の一つとして挙げられていた賃金の安さについて厚生労働省「平成27（2015）年賃金構造基本統計調査」の結果から確認してみましょう。一般労働者を対象とした「決まって支給する現金給与額（6月支給分）」は，産業全体の平均は男性で37万円，女性で26万円でした。男性介護職員の平均は23万9,000円，女性の平均は21万6,000円となり，平均値は低いことがわかります。しかし，平均給与には年齢や勤続年数などその他の要因による差も含まれていますので，これだけで一概に結論づけることはできません。訪問介護員，介護職員，介護支援専門員それぞれについて，勤続年数によってどのように給与が上がっていくか確認しましょう。**図表8-3**は，「所定内給与」を職種別，勤続年数別にプロットしたものです。介護保険ができてからまだ20年は経過していないため，介護職については，15年以上が1つのカテゴリーになっています。

専門職に分類される介護支援専門員について，産業計と比較すると，男性では給与の上がり方のカーブが緩やかです。一方女性については，カーブはほぼ同じです。男性の職業としては経験に応じての賃金上昇が少ないといえます。施設介護員については，男女ともそれぞれ産業計と比較して低い賃金水準にとどまっています。

介護サービス従事者の賃金が上がらないのはなぜか。ここで本章の始めに挙

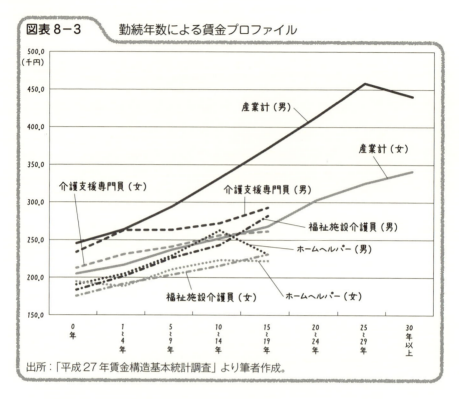

図表8-3 勤続年数による賃金プロファイル

出所:「平成27年賃金構造基本統計調査」より筆者作成。

げた質問に立ち返ってみましょう。これまで見てきたように，介護サービスは公的保険を通して提供され，その価格は公定です。特に，施設介護サービスの場合，施設に入ってくる収入はあらかじめ定められた価格×定員に固定され，サービスの質を上げるなど，個人の労働生産性を向上させても賃金上昇に直接結びつかないのです。そのため，介護職員の給与をアップさせるために，「介護職員処遇改善加算」（2009年に創設された「介護職員処遇改善交付金」から移行）という制度が2012年より導入されました。これは，職員の資質向上のための機会の提供や雇用管理・労働環境の改善などに積極的に取り組んだ事業者に対して一種の補助金を与える制度で，支給金はすべて介護職員に還元することが義務付けられています。このように，政策の介入なしに給与を上げることが難しいことも介護職の厳しい一面なのです。

一方，パートタイマーとして勤務することの多い訪問介護員については短時

間労働者の時給も大切な指標です。これは全産業の1時間あたり所定内給与額が1,059円であるのに対し，訪問介護員のそれは1,385円となっています。専門的な技術を要するパート職として時給は高めです。

3.4 介護職のキャリア形成

ここでは介護福祉士という資格に注目し，キャリア形成がどのように行われるのかを見てみましょう。介護福祉士になるには専門学校や大学の養成課程を卒業することが必要だと思っている人も多いかもしれませんが，**図表8-4**に

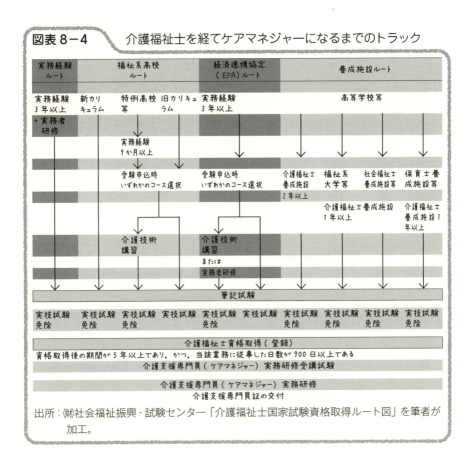

図表8-4　介護福祉士を経てケアマネジャーになるまでのトラック

出所：㈶社会福祉振興・試験センター「介護福祉士国家試験資格取得ルート図」を筆者が加工。

示したように，多様なトラックがあります。さらに，介護福祉士の資格取得以降，5年経過かつ900日以上の実務経験があれば，介護支援専門員になるための実務研修受講試験の受験資格を得ることができます（2018年から受験資格の一部が変更されます）。さまざまなルートを経て介護福祉士になったのちは，経験を積み，専門職としての介護支援専門員を目指すことは理想的なキャリアパスの一つといえます。角谷［2016］によると，介護福祉士や介護支援専門員などの職務経験を積むことは，介護認定審査会のメンバーとして要介護度判定に関わったり，介護サービスの業績評価指標の設定，評価の実施といった政策に関与したりする高いポジションへの入口にもなっています。介護認定審査会のメンバーは，市町村が医師会など地域の専門学会からの助言に基づいて任命しますが，医師が医療分野，保健師が保健分野，介護福祉士または介護支援専門員が福祉代表となることが多いのです（角谷［2016］）。

訪問介護員から介護福祉士，介護支援専門員とキャリアアップする場合は，2013年の制度改正によって，介護職員初任者研究修了後，実務者研修を経て認定介護福祉士になれるよう，キャリアパスが一本化されました。政府の政策としても介護職のキャリアパスを明確にする方向にあるようです。

経済連携協定ルートとは，2008年度から経済連携協定に基づき受け入れているインドネシア・フィリピン・ベトナムからの外国人看護師・介護福祉士候補者のためのものです。2016年9月時点で累計受入れ人数は3国併せて3,800人超となりました（厚生労働省［2016a］）。言葉の壁によって，この数が急増することはあまり現実的ではありませんが，近い将来，介護支援専門員として外国人の介護福祉士と連携して働く機会があるかもしれません。

4 介護関係職の未来

きつい，賃金が安い，慢性的な人手不足，などと暗い話題の多い介護関係職ですが，明るい未来はないのでしょうか。介護需要の爆発的な増加と人手不足をきっかけに，日本独自の技術を開発・活用することで，日本経済に活力を与えるという動きも少しずつ始まっているようです（日本経済新聞［2016］）。本

節では，介護関係職の未来について，雇用創出の機会，近年の人工知能（AI），ロボット技術の活用の動向に触れながら展望します。

4.1 雇用創出産業としての医療・福祉

医療・福祉分野の職業の魅力は何でしょうか。厚生労働省が「平成26（2014）年雇用動向調査」の結果から「雇用創出指標」を試算しています。雇用創出率とは，前年の未雇用者数に対して，1年間で創出された雇用者の割合を表し，雇用消失率は，前年の未雇用者数に対して1年間で消失した雇用者の割合を表します。雇用純増率は雇用創出率から雇用消失率を引いた数字です。

図表8-5では，医療・福祉の雇用純増率は3年連続プラスを示しています。2014年度は純増率で生活関連サービス，教育・学習支援業に抜かれたものの，好不況にかかわらず安定して雇用を創出している様子がうかがえます。

介護サービスが雇用創出の機能を持っていることは近年，異業種の大企業がこの分野に参入している現象からもうかがえます。例を挙げてみましょう。2016年，大手電機メーカーが介護関連の子会社を統合し新しい会社を発足さ

図表8-5　産業別雇用創出・消失状況

	雇用創出率（％）			雇用消失率（％）			雇用純増率（％）		
	24年	25年	26年	24年	25年	26年	24年	25年	26年
産業計	5.4	6.2	6.3	6.1	6.3	6.8	-0.8	-0.2	-0.5
製造業	3.6	3.6	3.8	6.2	6.0	7.8	-2.6	-2.4	-3.9
情報通信業	7.1	7.0	7.8	11.2	9.4	6.9	-4.1	-2.4	0.9
運輸業，郵便業	4.0	4.5	5.0	5.8	4.9	5.5	-1.9	-0.5	-0.5
卸売業，小売業	5.0	5.7	7.0	7.0	6.6	7.7	-2.0	-0.9	-0.8
金融業，保険業	4.5	3.9	5.5	5.6	7.8	5.0	-1.1	-3.9	0.5
宿泊業，飲食サービス	8.3	10.3	10.6	7.6	8.2	9.9	0.7	2.1	0.6
生活関連サービス業，娯楽業	6.8	7.5	9.3	6.6	7.4	6.3	0.1	0.1	3.1
教育，学習支援業	4.0	4.1	4.2	3.6	3.5	2.6	0.5	0.5	1.5
医療，福祉	6.5	6.1	5.4	2.2	2.9	4.3	4.3	3.3	1.1

出所：厚生労働省「平成26年雇用動向調査結果の概況」[参考] 雇用創出・消失指標の試算より一部転写。

せました。居宅介護，施設介護，介護ショップ，介護用品・設備の4つの事業を柱とする介護の総合企業を目指すそうです。また，2014年から参入している別の電機メーカーのグループ会社は有料老人ホームの運営を中心に事業を展開しています。その他多くの異業種ともいえる大企業が有料老人ホームやサービス付き高齢者向け住宅などの分野に参入しています。今後もしばらくはこのような動きが続くのではないかと思われます。

4.2　AI（人工知能）・介護ロボットの活用

　介護サービス産業が発展するうえで，介護職のきつさは妨げにならないでしょうか。介護の現場では要介護者をベッドから起き上がらせたり車いすに移したりすることを移乗作業というそうです。力のいる作業の一つで，介護職従事者が腰痛を患うケースも少なくありません。そんな中，介護支援を目的とするロボットの開発が官民一体で進められています。2015年度補正予算では「介護ロボット等導入支援特別事業」として，一定額以上（20万円超）の介護ロボットを介護保険施設・事業所へ導入する費用を助成することになりました。対象となる介護ロボットは経済産業庁が行う「ロボット介護器開発・導入促進事業」において採択された介護ロボットなどと一定の基準がありますが（厚生労働省［2016b］；介護ロボットポータルサイト［2017］），これをきっかけにロボットを導入したところも多かったようです。

　一方，技術進歩が著しいAIを介護に活用する動きもあります。介護サービス事業者が蓄積したケアプランと介護サービス受給前後の要介護度の変化などの情報をAIにインプット，学習させ，要介護度改善や重症化予防につながるケアプランを作成させるプロジェクト（日本経済新聞［2017］），また，有効な認知症ケア手法を脳計測装置やカメラで記録したデータをAIで解析し，熟練スタッフのノウハウを可視化するプロジェクトが，大学の研究者などを巻き込んで進められています（日本経済新聞ニュースプラス［2017］）。介護現場へのロボット・AIの本格的な導入にはまだまだ試行錯誤が伴うでしょうが，異業種からの参入を背景に，介護の分野でのイノベーションが進んでいくこと

は間違いないでしょう。

　介護サービスが公的保険を通して提供され，サービス価格が公定であること，介護保険対象の施設介護は非営利組織によって運営されていること，個人の労働生産性の向上が賃金上昇に直接結びつかないことなどは医療・福祉サービスが常に抱える問題です。一方で，少子化による若年人口の減少傾向はまだまだ続いていますし，高齢者が高齢者を介護する，「老々介護」の問題も深刻です。きつい仕事を技術力で補足し，人間が担う部分の介護サービスの労働生産性を上げることで，介護を名実ともに日本の基幹産業とし，介護職の魅力を高めることは差し迫った課題です。大企業が社運をかけて参入していることからも新しい糸口が見つかることを期待したいものです。

＼参考文献／

介護労働安定センター［2015］『平成27年度版介護労働の現状Ⅰ：介護事業所における労働の現状』。

介護労働安定センター［2015］『平成27年度版介護労働の現状Ⅱ：介護労働者の働く意識と実態』。

介護ロボットポータルサイト［2017］　http://robotcare.jp/

角谷快彦［2016］『介護市場の経済学——ヒューマン・サービス市場とは何か——』名古屋大学出版会。

厚生労働省［2016a］インドネシア，フィリピン及びベトナムからの外国人看護師・介護福祉士候補者の受入れについて。
　　http://www.mhlw.go.jp/stf/seisakunitsuite/bunya/koyou_roudou/koyou/gaikokujin/other22/index.html

厚生労働省［2016b］　介護ロボット等導入支援特別事業（平成27年度補正予算）
　　http://www.mhlw.go.jp/stf/seisakunitsuite/bunya/0000112870.html

社会福祉振興・試験センター［2017］「介護福祉士国家試験」資格取得ルート図
　　http://www.sssc.or.jp/kaigo/shikaku/route.html

日本経済新聞，2016年10月2日朝刊「新産業創世記」人口減社会　世界に示す解。

日本経済新聞，2017年7月10日電子版　介護現場にAI，豊橋市と協定　シーディーアイ。

日本経済新聞　ニュースプラス，2017年2月23日電子版　従業員全員が開発「同僚AI」の力。

文部科学省［2017］国家資格の概要について。
　http://www.mext.go.jp/b_menu/shingi/chousa/shougai/014/shiryo/07012608/003.htm

コラム⑤　待機児童問題と保育園・幼稚園の壁

待機児童問題

　2016年2月,「保育園落ちた日本死ね」という過激なタイトルのブログが,匿名の女性によってインターネットサイトに投稿されました。子どもを保育園に預けて仕事に復帰しようと考えていたにもかかわらず,保育園の抽選に落ちて,仕事への復帰をあきらめざるを得なくなった憤りを綴ったこのブログは「待機児童問題」の深刻さを改めて浮き彫りにし,政府に早急な対応を求める声が高まるきっかけともなりました。

　待機児童とは,子育て中の保護者が仕事や家庭の事情などで認可保育園への入所を希望し,申請しているにもかかわらず,入所できないで空きを待っている子どもを指します。2018年度からは,復職したいのに保育所が見つからず育児休業を延長した場合も含む新定義が採用されることにもなりました。「待機児童問題」は日本が長く抱える問題です。

　日本ではもともと子どもの世話は家庭で行うものとされており,保育園を必要とする保護者の数は長らく限られていました。しかし,高度経済成長期,大都市への人口集中とともに核家族化が進行し,家庭での保育機能が低下していきます。1971年～1974年の第二次ベビーブームには保育所の整備も進みますが,1986年に施行された男女雇用機会均等法をきっかけに女性の社会進出が進み,共働き世帯が増加することで1990年代以降家庭外での保育サービスの需要が急増します。政府は2002年度から始まった「待機児童ゼロ作戦」などの政策を進め保育所の定員は10年余りで40万人ほど増加したと言われています。しかし,保育園の定員が増加すると,これまで入所申請をあきらめていた「潜在的待機児童」の保護者が新たに入所申請を行うことなどから,待機児童がなくならない状態がもう何十年も続いています。

保育園と幼稚園の違い

　待機児童問題を根本的に解決するには,保育所定員を早急かつ大幅に増やすこと,それに応じた保育士の確保が求められますが,どちらもそう簡単ではありません。特に保育士不足は深刻です。そんな中,保育サービスの供給に制度や規制が関わっていることから,経済的に非効率が生じている点は見逃せません。保育園と幼稚園の間の厳格な境界もこの非効率の原因の一つです。同じような施設に見えるのに,

保育園には待機児童があふれて、片や幼稚園では定員が埋まっていないというような非効率が同一地域内でも生じていました。

保育園も幼稚園もどちらも小学校就学前の児童を対象とする施設なのですが、「保育園は0歳〜就学前までの乳幼児や児童を対象とする児童福祉施設で、幼稚園は3歳〜就学前の児童を対象とする学校」です。また、保育士は福祉の従事者で、幼稚園教諭は学校教育法に基づいて教育を行う教員です。幼稚園では基本的に給食がなく、教育時間も4時間程度に限られていることから、フルタイムの仕事を持つ保護者にとっては保育園の替わりとは捉えにくい施設でした。

認定こども園と資格の拡張

保護者の要望を受け、通常の教育時間の前後や長期休業期間中に「預かり保育」などを行う、保育所的な性格をもつ幼稚園が増加したことなどを背景に、認定こども園が創設されることになります。これは、既存の幼稚園の教育と保育所の保育という役割を統合した幼保一体化施設で、2015年度から施行された「子ども・子育て支援新制度」の柱とされています。

認定こども園への円滑な移行を促進するため、保育士・幼稚園教諭の相互間で資格の取得を促進する措置も取られています。期間限定ですが、例えば保育士資格を持っている場合、幼稚園教諭免許取得の特例が認められることになりました。保育士として3年かつ4,320時間以上の勤務経験があるなど一定の条件を満たす場合、大学で所定の単位を修得し、教職員検定を経て、幼稚園教諭免許を取得できるようになりました。高い意欲がありながらも賃金の低さなどから転職せざるを得ない保育士も多いと聞きます。今後幼稚園教諭の資格を併せ持つことで、保育士のキャリア形成が充実することは、本人のみならず待機児童の保護者たちの切なる願いだと思います。

第9章

公の仕事
中央官庁や地方公共団体で活躍する人たち

　本章では，公共部門のサービスの重要な担い手である公務員のなかでも，国の中央官庁や都道府県，市町村といった行政職の仕事を取り上げて，仕事の内容や処遇，人材形成の仕組みについて述べる。公務員をどれくらい採用し，給与などの処遇をどのように決定するかは法律や条例によっており，過去10年余りで大きく変化した。同時に，給与の決定には，民間の仕事とのバランスが重視されており，そこには公務員の人材確保や育成の仕組みが深く関わっている。利潤という概念が存在しない公共部門では，仕事の価値を測ることが困難だが，幅広い人材の能力を高める仕組みが存在することを述べる。

代表的な職業・職種

　中央官庁の職員，地方公共団体の職員，警察官，消防吏員

Key Words

　民営化，規制緩和，地方分権，官民較差

職業シェア

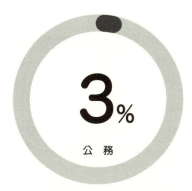

3%
公務

1 公共の仕事の特徴と公務員

　公務員の仕事の範囲や役割は，国や時代によって変化してきました。まず，公務員という存在を含めた「公共部門」という概念を整理したうえで，公務員の特徴やその変化を見ていきます。

1.1 公共部門の性質

　経済活動の基本は，形のあるモノ（財）や形のないサービスの生産と交換です。民間部門では，多数の企業が利潤を求めて財やサービスを供給し，私たち消費者がその対価を支払って需要する時，財やサービスの価格と量が経済的にみて望ましい水準に定まると考えられます。ですが，財やサービスの性質によっては，そのようなメカニズムが必ずしもうまく機能しない場合があります。

　例えば，道路の整備，国の防衛や警察による治安の保全，治山・治水・海岸保全による国土の保全事業はその1つです。これらのサービスは，その対価を支払った人だけで消費し尽くせるものではありませんし，対価を支払わない人でもその恩恵を受けることができるため，利潤追求を目的とする民間部門では供給されません。また，教育や保健，医療，福祉サービスのように，人々の知識や技能，健康を高めるサービスは，それを受けた個人のみならず社会にも便益をもたらすにもかかわらず，サービスの交換と価格の決定にあたって社会的な便益が考慮されません。そこで，公立の学校や病院のように公共部門が直接供給したり，助成金などを設けて民間による供給を促したりしています。さらに，電力・都市ガス・上下水道・通信・公共交通網といった生活や産業の基盤となる社会インフラの整備や運用は，大規模事業者の独占によって企業間の競争が生じにくい性質があります。そのため，公共部門が直接供給し，あるいは規制によって民間部門の活動をコントロールしています。

1.2 公務員の範囲と行政改革

　本章で取り上げる公務員は，公共部門のサービスの重要な担い手です。公務員は，国レベルの国防や外交，地域における警察や消防に加えて，公立の教育機関による教育，社会保険や生活保護，病院，保健所，児童福祉，ゴミ処理といった福祉や環境などの行政サービスを担っています。さらに，道路や河川，港湾，下水道といった社会資本の整備も，国と都道府県，市町村がそれぞれのレベルに応じて分担しています。

　ですが，公務員が担うサービスの範囲は時代とともに変化してきました。一般に，民間部門では競争的な市場の下で経営の効率化が図られるのに対して，公共部門ではこうした動機が乏しい傾向があり，時に予算の獲得や規模拡大自体を目的化する傾向が指摘されてきました。そのため，時代や経済環境に応じて，行政サービスの供給や既存規制の緩和などを含む，いわゆる「行政改革」が実施されてきました。特に，1990年代以降は，日本経済が長期的に低迷し，また少子高齢化が進行する中で，国や地方の借金が急増したことを受けて，行政の簡素化・効率化と財政再建を旨とする「行財政改革」が現在に至るまで続けられています。特に，2000年代以降の行政改革は，「官から民へ」，「国から地方へ」を基調とし，民営化や規制緩和，地方分権と地方の行政改革が進められてきました。それに伴って，公務員の規模や業務の範囲は縮小しましたが，依然として，公務員が担う行政運営の効率化が問われる環境にあります。

1.3 公務員の種類と推移

　公共部門がその社会経済的な機能によって定義されるのに対して，公務員は極めて法的な存在です。公務員とは，国の公務に従事し，国家公務員法の対象となる国家公務員と，都道府県や市町村といった地方公共団体の公務に従事し，地方公務員法の適用を受ける地方公務員に大別されます。人事院「パンフレット　国家公務員プロフィール」によれば，2015年度の国家公務員数は約64万

人，地方公務員数は約 274 万人おり，これは，ほぼ同時期の日本の雇用者全体（4,985 万人）の 6.8% を占めています。

1.3.1 国家公務員と地方公務員の内訳

国家公務員は，大臣や裁判官，国会職員，防衛省職員（自衛官）などからなる特別職（約 30 万人）と，それ以外の一般職（約 34 万人）に大別されます。一般職はさらに造幣局や国立印刷局，一部の国立研究所などの特定独立行政法人の職員，検察官，そして「非現業」と呼ばれる職員に分けられます。なかでも，最大のグループである「非現業一般職」には多様な職種が含まれます。中央省庁の一般行政職，航空管制官などの行政専門職，税務署の税務職，警察庁の警察官や海上保安官といった公安職，国立研究所の研究職，国立の医療・福祉施設に勤務する医療職や福祉職，民間の役員に相当する各組織の指定職などとなっています。

対して，地方公務員は，団体区分別には都道府県職員（約 55%）と，市町村および東京特別区職員（約 45%）に分けられます。部門別には，地方行政に関わる総務一般や企画開発のほか，防災，清掃，福祉事務所や児童相談所などを含む一般行政部門が約 33%，義務教育や特別支援学校，給食センターなどの教育部門が約 37%，警察部門が約 11%，消防部門が約 6 % です。残る約 13% は，上下水道や鉄道・バスの公共輸送，病院などの公営企業等会計部門が占めています。

1.3.2 一般行政職の規模と推移

このように，公務員が担っている行政サービスは幅広い範囲に及んでいます。ですが，その中には教育や医療サービスをはじめとして民間部門でも供給されているものや，公共交通サービスのように民間部門への委譲が進んでいるものもあります。そこで，以下では，公務員の典型的な職種として，国の非現業一般行政職と地方の一般行政職を取り上げます（公務員を含む教育職は第 7 章で，医療・福祉職は第 8 章で詳しく紹介されています）。

では，本章が対象とする公務員数はどのように推移してきたのでしょうか。

図表 9 − 1 は，国と地方の一般行政職の公務員数の推移をみたものです。国家公務員の定員については，1969 年に制定された「総定員法」以降，定員削減計画が開始されました。90 年代後半以降は，国の行政組織の減量と効率化を目的として，中央省庁改革や定員削減計画が相次いで策定され，図に示す通り，中央省庁の非現業一般行政職も過去 30 年余りにわたって減少しています。一方，地方公務員の定員は，警察や消防といった一部の職種を除いて各地方公共団体の条例に委ねられているものの，国が地方行政改革の推進の指針を示し，その中で地方公務員の定員管理を要請する形が取られています。特に 90 年代半ば以降，地方公共団体の財政状況が悪化する中で，定員削減を含む地方行財政改革が進められ，都道府県や市町村の一般行政職も，統計が比較可能な 2000 年代以降，減少が続いてきました。ただし，両者の人数は 2012 年あるい

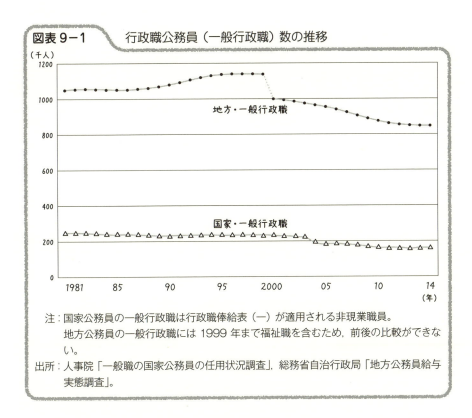

図表 9 − 1　行政職公務員（一般行政職）数の推移

注：国家公務員の一般行政職は行政職俸給表（一）が適用される非現業職員。
　　地方公務員の一般行政職には 1999 年まで福祉職を含むため，前後の比較ができない。
出所：人事院「一般職の国家公務員の任用状況調査」，総務省自治行政局「地方公務員給与実態調査」。

は13年頃に下げ止まっています。現在は，国の一般行政職はおよそ15万人，都道府県や市町村の一般行政職はおよそ83万人に上ります。

2 一般行政職の仕事

　公務員の一般行政職は，行政サービスや政策について，法令や条例といったルールの策定や改定，予算の編成や財務の管理・運営などの事務機能を担っています。ただし，国と地方の役割分担を定めた地方分権一括法により，国は，主に国際社会における国家の存立に関わる事務と，全国的なルールや施策に関する事務を担っています。一方，都道府県や市町村といった地方公共団体には，住民の福祉の増進を図ることを基本として，地域の行政を自主的かつ総合的に実施する役割があります。そのため，行政職の仕事の範囲や役割は，国と地方では異なります。

2.1 国の一般行政職

　日本では，三権分立の下，国の行政は，国会で選ばれた内閣総理大臣と各国務大臣からなる内閣が担っています。国家公務員の役割は，各国務大臣の指示の下，法律や予算に則って，それぞれの分野の政策を進めることです。現在，中央省庁には，国の予算や決算を総合的に管理運営する「財務省」や，個人や企業の経済活動を振興する「経済産業省」，国民の医療・健康や労働に関わる行政を所管する「厚生労働省」などの1府12省庁があります。非現業の一般行政職は各機関が所管する分野に精通したエキスパートとして，中央の本府省においては，主に，法律案の作成，法や政策の適正な運用のための指揮や監督，許認可，そして政策に伴う予算の編成や管理などを行います。他方，法務局や財務局，国税局，労働局や経済産業局といった地方の出先機関は，中央で定めた政策を実施する役割を担います。

　このうち法律の作成は，条文案の作成にとどまらず，法律案の国会審議における答弁資料の作成も重要な仕事です。政策の予算業務については，各省の予

算を審査する財務省主計局に対する見積もり額の提示（概算要求）に始まり，具体的な予算の編成と執行に関わる業務があります。これらの業務については，省庁内および関係省庁との調整，そして施策に関わる地方公共団体や企業といった関係機関との調整も行っています。また，多くの府省では，所管分野の政策課題の客観的な把握のために，統計やレポート（白書）の作成といった専門的な調査・分析を行っています。さらに，国の外交を担う外務省はもちろんのこと，それ以外の府省でも，各分野の政策課題に関する諸外国との折衝や，在外公館での情報収集といった国際的な業務を行っています。最後に，すべての府省には，民間企業の総務部門に相当する「大臣官房」が設置されており，府省内の人事や会計，広報などの仕事もあります。

2.2 地方公共団体の一般行政職

　中央省庁の国家公務員が，世界の中の日本を代表する業務や，国全体にわたる政策・法律の立案や施策を行うのに対して，都道府県や東京特別区，市町村の地方公務員は，それぞれの行政区域内の住民に身近な行政を担っています。

　地方の行政が担う具体的な事業やサービスの分野は，およそ国の省庁に準じています。道路や河川，災害対策などの社会資本整備に関わる土木分野，農林業振興などの農林分野，産業廃棄物や公害防止といった環境分野，児童福祉や生活保護，病院といった地域の保健や福祉，公立学校による教育，地域の中小企業対策や商店街振興，職業紹介や職業訓練といった商工労働分野などがあります。

　このうち，都道府県は，地方自治法の定めにより，①市町村を包括する県レベルの広域サービスを実施し，また②市町村間の調整や市町村と国との橋渡し役を担うとともに，③市町村では難しい規模の事業を実施する役割を持っています。例えば，県レベルの広域サービスとしては，一部の国道や県道の整備・維持，町村の区域に関する生活保護行政，公立の職業訓練校などでの職業訓練などがあります。他方，市町村は，区域内の住民を対象としたサービスを実施します。

地方公務員の一般行政職は，以上のような各分野の公共サービスについて，主に，国の法律や政令に基づく手続きと調整，窓口業務などを担います。特に，市町村の仕事では，政令市にあっては区役所，その他の市町村では市役所や出張所において，住民・戸籍票や国民健康保険，介護医療などの行政サービスの窓口業務の比重が高くなります。また，国と同様に，自治体の財政全般の企画調整や議会提出議案の調整を行う財務部門の仕事，施策全体を調整する総務部門や広報といった部門の仕事もあります。

さらに，県や東京特別区，市といった比較的規模の大きな自治体では，例えば，産業廃棄物の処理に関する規制や，町並みの保全に関する景観条例など，条例によって独自の基準を設定したり，独自の課題に応じた政策を実施したりしており，施策の企画や条例の制定，議会対応なども一般行政職の重要な仕事です。地方分権が進む中で，少子高齢化への対応や地域活性化といった課題について，地域自ら解決策を求められるようになっており，各自治体の行政職においても，政策の企画・立案業務がますます重要になるといえるでしょう。

3　公務員のキャリア形成

このように，国家公務員であれ地方公務員であれ，その仕事内容は，国や地域の政策の立案や，民間企業では供給されにくい公共サービスの提供といった性質があります。そのため，仕事に必要な知識や技能は，主に，公務員としての実務経験を通じて身につけることになります。以下では，公務員としての組織内部での人事異動による実務経験を「キャリア」と呼び，その特徴をみます。

3.1　採用時の競争試験制度

一般行政職のキャリア形成の出発点として，公務員の採用（公務員の法律では任用）制度を取り上げます。これには，公務員として働く際の「入口」としてだけでなく，少なからず，その後のキャリアを決定づける面があります。

公務員の採用は，国家公務員法ならびに地方公務員法により，競争試験また

は選考によるものと規定されています。このうち，選考は，国家公務員の一部の専門職や，町村などの規模の小さな自治体の地方公務員の採用に取られる方法です。一方，競争試験は，不特定多数の対象者に対して専門的かつ画一的な試験により，対象者がその職務の遂行にふさわしい能力を持つか否かを判定する採用方式です。

3.1.1　採用試験とキャリアの関係

　国家と地方の行政職の採用は，大きく2つの点で異なります。第1に，国家公務員は，共通の筆記試験の後，各府省や人事院の面接試験を経て，最終的には特定の府省に採用されます。その後の人事異動で他の府省の業務を経験することはあっても，基本的には，採用された府省の政策に精通したスペシャリストとしてのキャリアを歩むことになります。一方，地方公務員は都道府県や市町村といった地方公共団体に採用されます。そのため，特に行政職は，地域の広範な行政サービスのうちの何を担うかは採用後のキャリアに依存します。

　第2に，国の一般行政職では，採用後の仕事内容やキャリアに応じて，受験資格や試験内容といった選抜方法が明確に異なります。その採用区分は，従来，Ⅰ種～Ⅲ種であったものが，2012年度の採用試験から，採用後の仕事内容に応じて「総合職」と「一般職」に分けられています。このうち総合職は，旧Ⅰ種に相当し，各府省の政策立案や法律の制定・改定などの高度な業務を担当し，国家レベルの政策決定に関わるポストを多く経験する中で幅広くスキルを磨くことが期待される職員です。一方，一般職は，旧Ⅱ，Ⅲ種に相当し，各府省の本省や地方の出先機関において，政策の具体的内容の企画立案と実行，運営に伴う事務を担当する職員で，主に，担当分野のスペシャリストとしての活躍が期待されるほか，管理職への道も開かれています。

　このように，総合職と一般職では，担当する業務内容の違いにより，採用時に問われる能力が異なっています。総合職には，大学院卒者を対象とした院卒者試験と大卒程度の内容を問う大卒程度試験がある一方，一般職は大卒程度試験と高卒者に限定した高卒者試験があり，実質的な学歴要件が異なります。同じ大卒程度試験であっても，総合職の専門試験の選択範囲は広く，さらに政策

に関わる論文試験や英語試験などがあり，高度な知識や能力が問われます。残る一般職の高卒者試験は，適性検査や作文試験などにより，日常的な事務処理能力を問う内容が中心となっています。つまり，国家公務員の行政職は，業務のレベルや内容に応じて，採用段階から大卒相当以上の総合職と一般職，そして高卒者という三層構造に分かれています。

これに対して，地方の一般行政職については，都道府県や政令指定都市では，国の一般職と同様に採用試験の区分として大卒程度と高卒者試験が分けられていますが，その他の市町村では，学歴による採用区分を持たない場合もあり自治体によって多様です。また，後にみるように，地方公務員については，職員の昇進（昇任）時の試験制度を設けている自治体があり，国の行政職のように，大卒相当であっても入口段階で厳しく試験選抜されず，採用後の競争試験選抜によって職員の適性や能力に応じたキャリアを形成する傾向があります。

3.1.2 採用基準とその変化

以上の競争試験制度は，国レベルでは人事院，地方レベルでは都道府県や政令指定都市の人事委員会や，その他の市町村に設置される公平委員会により実施されます。採用における差別や情実採用を排するために，試験は受験資格を有する国民に対して公開平等であり，また，試験成績を採否の判断基準とする成績主義が採られています。特に筆記試験は，点数による順位づけが容易であることから，採用試験において重視されてきました。

ですが，国から地方に権限や財源の一部が移譲され，また地域における少子高齢化などの構造的な変化が生じるなかで，特に地方の行政職にも，それぞれの地域が抱える課題を発見し，自ら解決するための政策の企画・立案能力が重視されるようになっています。近年の地方行政職の採用試験には，専門試験の廃止・縮小や，民間企業と同様の適性検査（SPI）の導入，面接重視などの傾向があり，従来の知識偏重型の選抜を改める動きがみられます。他方，国の行政職では，実務経験を持つ社会人を係長級として採用する試験制度が2014年度から始まりました。この制度による採用数は未だ30名程度とわずかなものの，多様な人材を取り込もうとする試みも始められています。

3.2 採用後のキャリア形成

　以上の採用試験を経て，大多数の行政職は一係員として採用され，各府省や出先機関，地方公共団体などにおける実務経験，すなわちキャリアを通じて，行政職に必要な知識やスキルを身につけることになります。

　以下では，行政職のキャリア形成を2つの視点から概観します。第1は，人事異動によって組織の中のどのような部門の仕事を経験するかという視点です。国の行政職は各府省に採用されますが，ひとつの府省，例えば，社会資本整備や交通政策などを行っている「国土交通省」をみても，道路局や住宅局，鉄道局，自動車局，港湾局や航空局などのように，政策や規制の分野に応じた多様な部門があります。さらに地方公共団体に至っては，建設・土木，環境や健康・福祉，教育など，地域の広範な行政サービスに対応した部門があり，それぞれに固有の知識や技能が求められます。ここでは，ジョブ・ローテーションの一環として，キャリアの幅を広げるための職場間移動を「横の移動」と呼びます。

　第2は，組織内部のより難易度の高い上位の役職（職制）への昇進（昇任）による実務経験をみるという視点です。**図表9-2**は，国および地方の一般行政職それぞれの職務について，職務の複雑さや困難さ，責任の程度を表す「級」と，職制との対応関係を表しています。例えば，国の行政職の本府省の職務は，おおよそ最下級の係員から主任，係長，課長補佐，室長，課長という役職順に高度になります。なお，これより上位の部長や局次長，地方支分局の局次長以上の役職は，民間企業の役員に相当し，賃金の基準が変わるためここでは示しません。これをベースラインとして，国の地方機関や都道府県，市町村の職務は，管轄地域の大きさや自治体の規模にもよりますが，同じ役職であっても，対応する級が本府省より1段階以上低くなります。ここでは，こうした役職への昇進による実務経験を「縦の移動」と呼びます。

図表9-2　行政職の職務の級の構成

	国家公務員				地方公務員	
	本省	管区機関	府県単位機関	地方出先機関	都道府県(本庁)	市町村
10級	課長(特に重要)	管区長(重要)				
9級	課長(重要)	管区長 部長(特に重要)			部長	
8級	室長(困難)	部長(重要)	機関の長(困難)		次長	
7級	室長	課長(特に困難)	機関の長		総括課長	
6級	課長補佐(困難)	課長	課長(困難)	機関の長(困難)	課長	(部長)
5級	課長補佐	課長補佐(困難)	課長	機関の長 課長(困難)	総括課長補佐	総括課長
4級	係長(困難)	課長補佐 係長(困難)	係長(特に困難)	課長	課長補佐	課長
3級	係長 主任(困難)	係長 主任(困難)	係長 主任(困難)	係長(相当困難) 主任(困難)	係長	係長
2級	主任 係員(特に高度)	主任 係員(特に高度)	主任 係員(特に高度)	主任 係員(特に高度)	係員(特に高度)	係員(特に高度)
1級	係員	係員	係員	係員	係員	係員

注:「管区機関」とは,数府県の地域を管轄区域とする相当の規模を有する地方支分部局を,「府県単位機関」とは,1府県の地域を管轄区域とする相当規模を有する機関を,「地方出先機関」とは,1府県の一部の地域を管轄区域とする相当規模を有する機関を示す。
出所:総務省「地方公務員の職務の級の構成について(行政職給料表(一))」より作成。

3.2.1　国の行政職

国家公務員の縦の移動

　国の行政職については,従来,採用区分によって「縦の移動」が明確に異なる点が指摘されてきました(稲継[1996],人事院[2012])。2012年の採用試験制度の改革以前,国の一般行政職の採用試験は,実質的に大卒程度試験である旧Ⅰ種と旧Ⅱ種,高卒程度試験の旧Ⅲ種に分かれていました。国の行政職については,役職者への昇進は競争試験ではなく選考採用が採られており,ほとんどの場合,「入口」(採用試験種類)が決まれば「出口」(昇進先)が決まる

とされてきました。

図表9-3は、旧Ⅰ種採用者と、それ以外の採用者の昇進モデルを示しています。旧Ⅰ種の同一年次採用者は、概ね採用後3～4年で係長級に、7～8年で課長補佐級に一斉昇進した後、16～17年目（40歳代）の本府省の課長ポストに昇進する頃から差がつき始めます。そして、50歳代前半に局長を輩出するとその他の同期が、また50歳代半ば以降に府省のトップである事務次官が出ればその他の局長も退職し、これら昇進できなかった者は民間や外郭団体などへ「天下り」するという慣行がありました。一方、採用者の大多数を占める旧Ⅱ種や旧Ⅲ種の行政職でも、30歳代前半の係長クラスまで同一年次のものがほぼ同時に昇進した後、上位の課長補佐への昇進から差が生じます。その後は多くの人が到達したレベルにとどまる一方、一部の層は各府省の地方の課長や部長ポストについて退職するというパターンになっています。

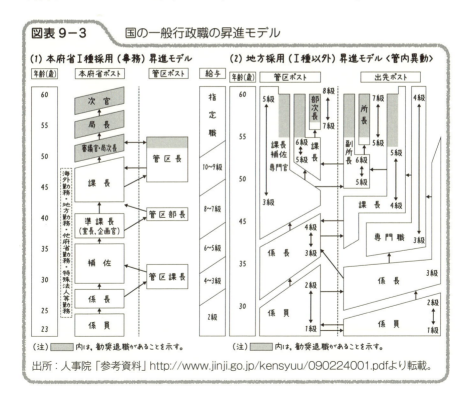

図表9-3　国の一般行政職の昇進モデル

出所：人事院「参考資料」http://www.jinji.go.jp/kensyuu/090224001.pdfより転載。

つまり、国の一般行政職では、採用区分によって「縦の移動」に差があると同時に、それぞれの採用区分内部では、同一年採用年次の中でおよそ20年という長期間の昇進競争をさせ、仕事に対する努力意欲を高めるような仕組みが確認されます。

国家公務員の横の移動

では、「横の移動」はどうでしょうか。旧Ⅰ種採用者については、管理職に昇進するまで平均2年程度で異動を繰り返し、政策の企画立案業務や法案作成業務、海外留学、地方公共団体等への出向などの多様な経験を積むとされています（人事院［2012］）。ですが、近年の研究からは、その後のキャリアを含めて入省後の経験部門に一定の傾向が認められることがわかっています（一瀬［2012］, 驛［2014］）。例えば警察庁の警察官僚のうち、上位の役職に昇進した人は、入庁後の経験年数のおよそ3分の1は、生活安全や刑事、交通または警備のうちの「特定の専門分野」を経験しています。また、財務省や金融庁の幹部についても、予算や税制、国際金融といった政策領域ごとにスペシャリストを育成する傾向が確認されています。このことは、旧Ⅰ種採用者が、ある程度の得意分野を持ちつつ他部門を経験することで「幅広い専門性」を身につけていることを示します。他方、旧Ⅱ種や旧Ⅲ種については、資料が乏しく明確な傾向は明らかにされていません。ですが、行政実務の幅については、実質的な大卒相当の旧Ⅱ種の事務職は幅広い部門を経験するジェネラリスト型であり、高卒相当の旧Ⅲ種では特定の部門の行政実務を経験する専門実務型であると考えられています。

このように、国の一般行政職には、採用時の試験区分により、特に幹部職員に至る「縦の移動」の幅が大きく異なるという慣行がありました。ですが、2012年の新たな試験制度改革により、従来の職務の高低ではなく、政策立案や定型的事務といった、職務の性質や種類に着目した試験区分へと変更されました。また、2014年から各府省に設けられた「幹部候補育成課程」では、総合職だけでなく一般職や専門職といった他の採用区分からも幹部候補者を選抜することが求められるようになっており、採用後の働きぶりに応じて人材を登

用する仕組みが整備されつつあります。

3.2.2　地方の行政職

地方公務員の縦の移動

　都道府県や市町村といった地方公共団体の行政職についても，これまでの研究から，長期的な昇進競争の末に幹部職員を選抜する傾向が指摘されます（新井・澤村［2008］，前浦［2004］，人事院［2012］）。ただし，いくつかの政令市のように，役職の昇任時に試験制度を採用している場合には傾向が異なります。人事院のヒアリング調査によると，役職の昇任試験を採用してない自治体の場合，採用から7～8年で一斉に主任となり，少なくとも課長補佐級まではほぼ全員が昇進した後，勤続20年を超える本庁の課長級から選抜が厳しくなっており，昇進と選抜の時期が遅い傾向がみられます。他方，主任もしくは係長から，筆記試験と勤務成績，面接を組み合わせた昇任試験を活用している団体では，最短12～15年程度で本庁課長級に昇進するケースがあり，昇進と選抜が相対的に早くなっています。

　また，地方公務員では，国家公務員と違って採用時点から幹部候補生を選別して育成する手法は採られていません。しかし，実態は団体により異なります。ある県では，管理職である課長級への昇進について，事務職の間では学歴による差が小さい一方，別の県では，大卒程度と高卒程度の採用試験区分に応じて定年到達時の最終ポストに明らかな差が確認されており，採用試験区分の差が，実質的に「縦の移動」の差をもたらすケースもあります。

地方公務員の横の移動

　「横の移動」についても，地方公共団体によるところが大きいようです。地方公共団体には，総務や人事などの管理部門，政策・計画といった企画部門以外に，環境や福祉，土木などの行政サービス分野に応じた専門的部門が多くあります。行政職の配置転換について，ある団体では，配置転換のうち同一部門内の異動が5～6割であり，職務内容に連続性のある他部門への異動を含むと

その割合が約3分の2に上る一方で，およそ3年周期で部門を超えた人事異動により，ジェネラリストを育成するようなキャリア形成を行っている団体も数多く確認されています。

地方行政職の職務は，行政区域内の住民に対して包括的な行政サービスを提供するという特徴を持ちます。地方の行政職にみられる「横の移動」の幅の広さは，広範な部門を経験することによって培われる判断能力が求められているためだと考えられる一方，各部門の業務に必要な専門的知識や技能が形成されにくいという課題も指摘されています。

4　公務員の賃金

では，以上で紹介した公務員の仕事の特徴や実務経験の仕方は，処遇としての賃金とどのような関係にあるのでしょうか。これには，公務員の平均的な賃金水準の視点と，長期の実務経験を通じた賃金水準の特徴という賃金構造の視点があります。

4.1　一般行政職の賃金水準

4.1.1　公務員賃金の民間準拠

先に公務員は，法的な存在であると述べました。それは，公務員の賃金決定に関しても同様です。一般行政職の給与は，国家公務員については「一般職の職員の給与に関する法律」（給与法）に，地方公務員については各地方公共団体の給与条例に定められています。

一般に，民間企業の労働者の賃金や雇用は，同業他社との競争やその時々の景気を反映した自社の利益に左右されます。そのうえで，労働者が①労働組合を結成して，②使用者と団体交渉し，時に，③ストライキ（争議）の権利を行使するなどして，労使交渉を通じて賃金が決まるという仕組みがあります。

ですが，公務員は民間では供給されないサービスを担っており，そこには市場の競争原理や，利潤の分配という基準はありません。また，公務員の仕事は，

国民や住民のためのサービスを行うという高い公共性を帯びています。そのため，一般職の公務員については，職員団体を結成し，交渉を行うこと自体は認められているものの，労使の公式な取り決め（団体協約）を締結する権利はなく，またストライキも禁じられています。公務員については，憲法で保障された労働基本権を制限する代わりに，給与法などによって勤務条件を定め，さらに国の人事院や，地方公共団体の人事委員会という第三者機関が，公務員の適正な給与水準を勧告するなどの措置が講じられています。

　具体的には，一般行政職の給与水準の決定には，公務員と民間の給与を比較し，公務員給与を民間の水準に合わせる「民間準拠」の方式が採られています。国にあっては人事院が，地方では人事委員会が，毎年，一般職公務員と民間企業の給与を調査し，役職や勤務地域，学歴，年齢といった労働者構成を揃えたうえで公務員と民間の給与格差を計算します。比較の結果を踏まえて，それらの機関は，国会や議会に対して，公務員の給与を民間企業に合わせるための給与改定を勧告し，国会や議会が決定します。なお，地方公務員については，かつては国家公務員給与の水準に合わせること（国公準拠）で，全国平均でみた民間準拠を達成する方式が採られてきました。ですが，民間企業の実態や賃金は地域によって異なるため，近年は，人事委員会による地域レベルの公民均衡が図られるようになっています。以上の仕組みにより，2000年代については，民間賃金の動向に準じて公務員給与も減少もしくは据え置きが続いてきましたが，2014年度以降は民間賃金の上昇を反映し，3年連続の引き上げ勧告がなされています。

4.1.2 民間準拠の意味

　ではなぜ，公務員給与を民間に準拠させなければならないのでしょうか。それは民間賃金がその時々の経済・雇用情勢を反映した労使交渉によって決定されるという点で，国民や住民はもちろんのこと，そのような手段や権利を持たない公務員本人にとっても納得性が高いことがあります。同時に，労働者にとって，公務員は数ある職業の中の選択肢の1つに過ぎない側面があり，民間とのバランスを欠いた賃金水準では，公務員として適正な人材を確保できない

おそれがあるためでもあります。事実，国家公務員の採用試験の応募者の倍率は，官民の平均給与の格差に反応し，公務員給与が相対的に上昇（低下）するときに，応募倍率が上昇（低下）する関係が指摘されています。公務員給与の民間準拠の仕組みは，働く人々の市場の観点から，公共部門と民間部門の人材の配分にも配慮したものだと言えるでしょう。

4.2　一般行政職の賃金構造

4.2.1　公務員の賃金プロファイル

　では，実際の給与水準はどのようになっているのでしょうか。**図表9-4**は，国家と地方の一般行政職について，基本給に各種の手当を含めた平均給与月額を，学歴別かつ年齢別に示したもの（年齢―賃金プロファイル）です。

　このグラフからは，次のような傾向が読み取れます。第1に，国と地方あるいは学歴の別を問わず，一般行政職の平均給与は年齢とともに上昇する傾向があります。第2に，国家でも地方でも，平均給与は大学卒が高校卒を上回っており，学歴間の格差が存在します。第3に，国家公務員では，40歳代以降に大学卒と高校卒の間の給与格差が拡大する傾向がある一方，地方公務員では学歴間格差が比較的小さいことがわかります。

　個々の公務員の給与水準については，公務員の報酬を定めた法律や条例により，一般行政職などの職務の種類に対応した俸給表（地方では給料表）が定められています。そしてそれぞれの俸給表（給料表）には，先にみたように，職務の複雑さや困難さ，責任の程度に応じた「級」が設けられ，同じ級の中でも，職務経験年数による職務の習熟度を反映した「号俸」（同，「号給」）が定められています。

4.2.2　賃金プロファイルとキャリア

　このような賃金制度の下で，先に見た「縦の移動」を通じて，担当する職務の習熟度や難易度，責任などが高まるために，年齢に応じて給与が上昇することになります。ですが，採用区分によって昇進速度や「縦の移動」の幅は異な

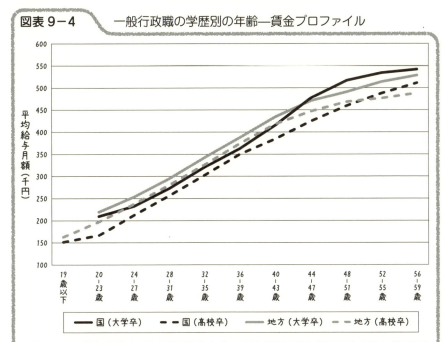

図表9-4　一般行政職の学歴別の年齢―賃金プロファイル

注：国の一般行政職は，行政職俸給表（一）の俸給（基本給）に諸手当を含めた「平均給与月額」を，地方は，全地方公共団体における一般行政職給料表の給料月額（基本給）に諸手当の月額を合計した「平均給与月額」を示す。ただし，地方の平均給与月額には時間外勤務手当等が含まれている。
出所：人事院「平成26年度　国家公務員給与等実態調査」および，同「平成26年度　地方公務員給与実態調査」より作成。

ります。特に国の行政職においてはその傾向が明確であり，より上位の役職までキャリアが広がる大卒者と，大多数がより低位の役職にとどまる高卒者との間の給与格差が拡大する要因であるといえます。

一方で，俸給表（給与表）上の「級」が頭打ちになっても，必ずしも，給与の伸びが止まるわけではありません。ジョブ・ローテーションによる「横の移動」や部門内部での実務経験の蓄積は，担当職務の習熟度の向上として評価され，号俸（号級）の上昇とそれに伴う平均給与の上昇に結びついています。

ただし，公務員の職務は民間企業のように営利を目的とせず，また担当部門

全体で職務を遂行する体制であるため，個々人の習熟度を営業成績などの客観的な指標で評価することは困難です。賃金制度を事実上，年功的に運用することは，ピラミッド型の組織において，昇進が頭打ちになる大多数の職員の働く意欲の向上を図る機能があると考えられます。

4.2.3　国家公務員の役員クラスの処遇

なお，このグラフでは，国家公務員の一般行政職については，本府省の課長クラスまでに適用される俸給表を用いています。それより上位に当たる本府省の部長や局次長，地方支分局の局次長といった，いわゆる審議官級以上は民間企業の役員に当たるとされ，その給与には民間の役員報酬を参考にした指定職俸給表が適用されます。その額は2016年10月現在，1号俸の706,000円から8号俸の1,175,000円までであり，およそ同じ年齢層（50歳代後半）の大卒一般行政職の平均給与の1.3倍から2倍程度という高い水準にあります。

さらに，国家公務員では，同期入省者の中から最高幹部である事務次官を輩出すると，残りを自発的に退職させて，関連する民間企業や団体への再就職を斡旋する「天下り」と呼ばれる慣行がありました。その際，幹部クラスの公務員については再就職先で高額な報酬や退職金を得ているとされました。天下りの慣行は，地方一般職の幹部にも同様に指摘されます。幹部クラスの現役および退職後の高額な報酬は，その是非はともかく，優秀な公務員が，高い報酬を得られるごく少数の幹部ポストを求めてスキルを高めるインセンティブとして機能してきた側面があります。こうした早期退職や天下りの慣行は，近年の公務員制度改革によって改められつつあり，定年までの勤務を前提とした人事管理制度の設計が課題となっています。

5　公務員の役割と展望

本章では公務員のなかでも，国や地方公共団体の行政職の公務員に焦点を絞りつつ，仕事内容やキャリア，処遇の特徴を概観しました。

公務員は，国民や地域住民の生活や福祉の基盤となる公共サービスを供給し，

また，それを維持・向上させるための政策の担い手でもあります。過去20年余りの改革による規制緩和や公共サービスの民間参入・民間委託は，確かに公共部門の範囲を縮小させましたが，それは同時に，公務員が担うべき役割や範囲を明確化させた側面もあります。さらに，「国から地方へ」への権限と財源の移譲によって，公共部門内部の役割分担も変化しました。特に基礎的自治体としての市町村には，地域が抱える課題を自ら解決する役割が求められるようになっています。改革の背景となる，国や地方の財政状況の厳しさや経済環境の変化は依然として継続しており，今後もこのような傾向がますます強まるものと考えられます。

　元来，公務員には，こうした民間部門にはない仕事内容そのもの，つまり，「他の人のための仕事」や「社会にとって有益な仕事」を重視する傾向が民間部門の労働者に比べて高いことが明らかになっています（勇上・佐々木［2013］）。現在，日本の公務員の雇用や賃金などの処遇の見直しが議論されていますが，その際には，こうした公務労働の持つ特殊性への配慮も必要となるでしょう。

参考文献

新井一郎・澤村明［2008］「地方公務員の人事異動と昇進構造の分析」『新潟大学経済論集』第85号．

一瀬敏弘［2012］「警察組織の技能形成──警察官僚と地方採用警察官の人事データにもとづく実証分析」『日本労務学会誌』第13巻第2号．

稲継裕昭［1996］『日本の官僚人事システム』東洋経済新報社．

驛賢太郎［2014］「財務省ならびに金融庁幹部のキャリアパス」『神戸法学雑誌』第63巻第4号．

人事院［2012］『平成24年度年次報告書』．

早川征一郎［1997］『国家公務員の昇進・キャリア形成』日本評論社．

前浦穂高［2004］「地方公務員の人事異動──A県の事例を中心に」『日本労働研究雑誌』No.524．

勇上和史・佐々木昇一［2013］「公務員の働き方と就業動機」『日本労働研究雑誌』No.637．

第10章

非営利組織の仕事
―――社会貢献や社会問題の解決を目指す人たち―――

　第10章では，NPOの仕事について学ぶ。まず，NPOの定義と労働市場の規模を俯瞰する。次に，NPOでの活動形態を示し，ボランティアの定義や，ボランティアのあり方や問題点などを指摘する。NPOでの仕事は，多くは企業とほとんど変わらないが，NPOらしい仕事として「ファンドレイザー」（資金調達）や「ボランティア・コーディネーター」を挙げる。また賃金がどのくらいなのか，男女格差はあるのかなどを示す。これらのことを踏まえて，最後にNPOでキャリアを培うことを考える。

代表的な職業・職種

　NPO起業家，有給職員，ボランティア

Key Words

　特定非営利活動法人，社会貢献活動，労働者性，男女賃金格差，デュアルキャリア，付加価値

職業シェア

10%
NPO

＊数値は，2004年の就業者と完全失業者の合計（労働力人口）に占める「広義のNPO」で働く人の割合。調査の年次や分母が異なっており，また，広義のNPOに学校法人や医療法人など他の章の職業も含まれるため，他の章とは直接比較できない。
出所：Salamon et. al. [2013]，p.2.

1 NPOとは何か

あなたは寄付やボランティアをしたことがあるでしょうか。あるいは，「NPO（Non-Profit Organization：非営利組織）」と呼ばれる団体で社会貢献活動をしたことがあるでしょうか。NPOの目的は，お金を儲けることではなく，あくまでも社会貢献や社会問題の解決にあります。

1.1 NPO（Non-Profit Organization：非営利組織）の定義

日本で一般的にNPOといえば，特定非営利活動法人（NPO法人）や公益法人，あるいは草の根の市民活動団体と認識されますが，定義次第では，医療法人や学校法人，労働組合，宗教団体などもNPOの範疇に入ることがあります。国によってもNPOのイメージの範囲はまちまちであり，NPOを統計的に比較する際には定義を統一しなければなりません。

1990年代初頭，国際比較に耐えられるNPOの統計を作成するため，アメリカのジョンズ・ホプキンス大学非営利セクター（Johns Hopkins University Institute for Policy Studies Center for Civil Society Studies）のサラモン教授らは国際比較プロジェクト（JHCNP：The Johns Hopkins Comparative Nonprofit Sector Project）を立ち上げました。このプロジェクトではNPOの統一的な定義づくりが行われ，後に40か国で国際比較調査が行われました（Salamon & Anheier [1994]）。

JHCNPでは，NPOを以下のように定義づけています。この定義は現在も多くの調査や研究の基礎となっています。

① 非営利（nonprofit）：利潤を分配しないこと。ただし，活動の結果として利潤が発生した場合，組織本来のミッション（慈善的目的）のために再投資すればよい。

② 非政府（non-governmental, private）：民間の組織で，政府から独立し

ていること。ただし，政府からの資金援助を排除しない。
③ フォーマル (formal)：組織としての体裁を備えていること。
④ 自立性 (self-governing)：他組織に支配されず，独立して組織を運営していること。
⑤ 自発性 (voluntary)：自発的に組織され，寄付やボランティア活動に部分的にせよ依存していること。

1.2 国際比較からみる日本の NPO の規模

ここで各国の NPO で有給職員またはボランティアとして働く人が，その国の就業者と完全失業者の合計（労働力人口といいます）に対してどのくらいの規模なのかをみてみましょう。

図表 10-1 は，先にみた NPO の定義に合わせて，各国政府が 2000 年代の統計を用いて，国民経済計算体系 (System of National Accounts：SNA) の中で非営利サテライト勘定を作成し，把握した数値です。非営利サテライト勘定とは，他の産業セクターとの統計比較をするために，国民経済計算体系 (System of National Accounts：SNA) のサテライト勘定の 1 つとして非営利セクターに関して作成が提唱されたもので，国連統計局から作成手順を示したハンドブックが刊行されています。これでみると，13 か国の平均は 7.4% ですが，上位は先進国が占めていて，労働力人口の 10% 前後を NPO で働く人が占めていることがわかります。

このうち，日本の数値は 2004 年のもので，内閣府経済社会総合研究所が実施した調査研究に基づいています（内閣府編 [2007]）。日本で NPO に従事している人々の規模は，労働力人口の 10% にまでのぼることがわかります。ただし，この調査の NPO には，財団法人，社団法人，学校法人，医療法人，社会福祉法人，労働組合，NPO 法人等が含まれています。そのため，本書の他の章の数値とは調査時点が異なっていることや，教育や医療といった他の章の職業を含んだ「広義の NPO」の規模を示していることに注意が必要です。

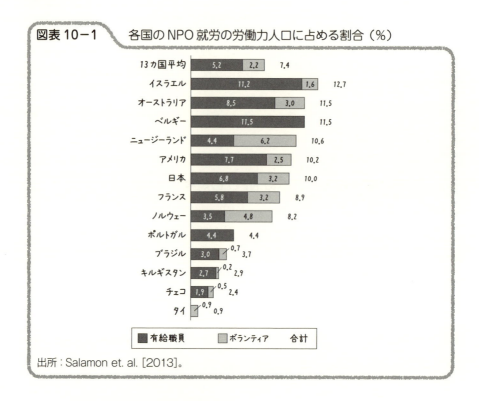

図表 10−1　各国のNPO就労の労働力人口に占める割合（％）

出所：Salamon et. al. [2013]。

1.3　NPO法人の労働市場規模

　ここからは，もう少しNPOの定義を狭くして「特定非営利活動法人（NPO法人）」についてみていきましょう。NPO法人は，1998年に特定非営利活動促進法の施行によりできた法人格です。現在では全国で約5万団体が認証されており，学校法人や公益法人といったその他の非営利セクターの法人格に比べて圧倒的多数を占めています。

　2014年に労働政策研究・研修機構（以下，JILPT）で実施した「NPO法人の活動と働き方に関する調査」（JILPT [2015]，[2016]）から，NPO法人の有給職員とボランティアが生み出す付加価値は，年間8,921億円と推計されました（**図表10−2**，山内 [2016]）。

　付加価値は，活動分野別の平均就業者数×平均年間給与額×NPO法人数と

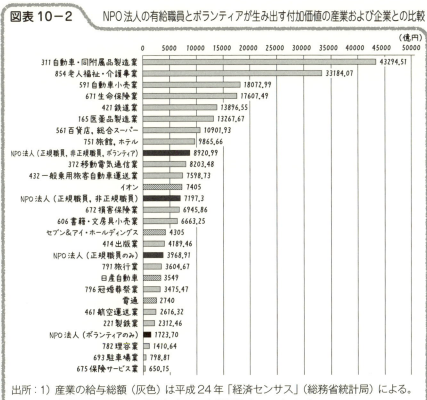

図表10-2 NPO法人の有給職員とボランティアが生み出す付加価値の産業および企業との比較

出所：1）産業の給与総額（灰色）は平成24年「経済センサス」（総務省統計局）による。
2）企業の人件費総額（網がけ）は，東洋経済オンラインによる。
3）NPO法人スタッフの生み出す付加価値額（黒色）は，山内［2016］の推計による。

して推計しています。ボランティアに関しては，活動時間に非正規職員の平均時給額を乗じています。これを産業や企業規模で比較すると，「旅館，ホテル」や「移動電気通信業」と同じぐらいの産業規模であることがわかります。有給職員のみの付加価値の規模でみると，企業では「イオン」，産業では「損害保険業」と同程度であることがわかります。

このように，全国で5万法人に達したNPO法人を1つの産業に見立てると，その労働市場規模は意外に大きいことにがわかります。ただ，NPO法人を1団体あたりでみると，年間収支額が1億円を超えるような大きな団体は全体の

1割に満たず,1000万円未満の小さな団体が5割近くを占めており,財政基盤もまだまだ脆弱です。

2　NPOで働く人々：ボランティアと有給職員

　NPOにはどのような形で働いている人たちがいるのでしょうか。NPOで働く人の形態は企業よりもはるかに多様で,呼称もさまざまです。ボランティアと一言でいっても,単発で呼びかけに応じて活動する人もいれば,長期にわたって活動の中核的役割を担っている人もいます。JILPTの調査（JILPT[2004],同[2015]）では以下のように活動形態を分類しています。

「役員」：理事長,理事,幹事など役員名簿に記載されている者
「有給役員」：役員のうち報酬を得て実際に労働している者
「正規職員」：フルタイムで働き,正規社員,正規従業員と呼ばれるタイプの者
「非正規職員」：パート,アルバイト,契約社員,派遣社員と呼ばれるタイプの者
「有償ボランティア」：給与ではないが,必要経費,謝金などの支給を受けている者
「無償事務局ボランティア」：主に事務局業務を担うボランティア
「無償その他ボランティア」：事務局業務以外の活動を行うボランティア

　上記の活動形態の人数構成率をJILPTの調査からみると,**図表10-3**のようになります。2004年調査から2014年調査までの10年間で,NPO法人1団体あたりの人数規模が大きく変化していることが読み取れます。1団体あたりの人数総数の平均は,25.1人（2004年）から44.9人（2014年）と約1.8倍になり,正規職員は1.4人から3.1人へ,非正規職員も3.0人から6.0人へと倍増しています。また,「その他ボランティア」は7.1人から21.1人へと3倍に拡大していて,この10年で社会貢献活動に携わる人が急速に拡大してきていることが推測できます。

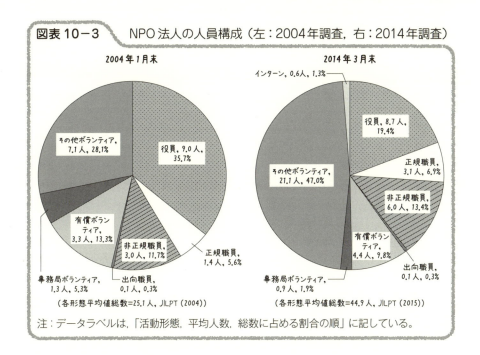

図表10-3　NPO法人の人員構成（左：2004年調査，右：2014年調査）

注：データラベルは，「活動形態，平均人数，総数に占める割合の順」に記している。

2.1　ボランティアの定義

　ボランティア（Volunteer）という言葉には，「志願兵」や「自発的な活動」という意味があります。このことからも自らの意思に基づいて他からは強制されない行動であることがわかります。国連では，ボランティアは「個人が利益，賃金，出世を目的とせず，近隣，そして全社会のために行う貢献活動」とし，赤十字においても，「利益や見返りを求めず，雇用という枠を越えて社会貢献を行うべくさまざまな形で責務をこなすこと，その活動は地域に有益なだけでなく活動者たちにとっても満足となる」と説明されています。

　ボランティアを定義するポイントは4つ考えられます。第1に，ボランティアは対価を目的としないということ。なお，ボランティアは無償と考えられがちですが，実際には実費経費や何らかの金銭的見返り（謝礼）を受け取っているケースもあります。「有償ボランティア」については後で述べます。

第 2 に，ボランティアは利己的行動ではなく利他的行動であること。つまり，自らの満足のためだけではなく，第三者のための行動であること。

第 3 に，家族・近親者等への無償の労働提供は，ボランティアに含まれません。家事労働も無償労働の一形態ですが，通常はボランティア活動とは別と考えます。

第 4 に，法的義務付けのもとで「ボランタリー」な仕事に従事する場合（例えば，公務員の災害時の対応等）はボランティアに含まれません。また，企業で「サービス残業」を行う場合もボランティアではありません。

以上をまとめると，ボランティアは「金銭的な対価を目的とせず，法的義務付けなく，当人の家庭外の者のために提供される仕事」ということがいえるでしょう（Anheier et. al. [2003]）。

2.2 有償ボランティアと労働者性

ボランティアは，金銭的な対価を目的とした活動ではないものの，無償ではなく有償で活動する人もいます。「純粋な無償ボランティア」と「純粋な有給労働」の中間領域の存在で，何らかの金銭的支給を受けて活動するボランティアです。

ボランティアと労働者の境界が曖昧になってくると，本来は「労働者」である者が「ボランティア」という身分で不当に低い賃金で働かされ，労働者の権利を奪われる可能性も出てくると指摘されています。一方で，少額の謝礼や交通費等の支給は，ボランティアへの参加コストを減らし，より強い責任感とモチベーションを持って活動への参加や継続を促すことができるともいわれており，ボランティアへの金銭支給については賛否両論があります（小野 [2005]，同 [2006]）。

ボランティアへの金銭支給の種類は大きく 2 つに分けられます。1 つめは実費弁済です。活動経費を実費で支給することで，ボランティアの活動参加のコストが減り，より参加しやすくなることが考えられます。例えば，自宅から NPO の事務所までの交通費実費や弁当の支給がこれにあたり，労働の対価で

はないことは明確です。

　もう1つは，謝礼金です。この場合，解釈によってはサービスや労働の「対価」として受け取られる可能性があります。例えば，謝礼金として活動1回あたり500円を出していた場合，これを賃金とみなせば最低賃金額を下回ります。仮に，ボランティアが訴訟を起こして「労働者性」が認められれば，団体側は労働基準法に則った賃金支払いを行わなければなりません。

　一般的に「労働者性」の判断は，「使用者の指揮監督下における労働」を意味する「使用従属性」の有無などさまざまな要素から個別に行われます。日本では，ボランティアを規定する法律がないために，現行法に照らし合わせて「雇用者」か否かという判断をするしかないのが現状です。しかし，これらの「使用従属性」がボランティアに認められたとしても，一般的な企業等の雇用関係とかなり異なるボランティアとNPOとの関係に労働法の適用を認めるかどうかという価値判断（解釈ないし政策判断）を行う余地があるでしょう（大内［2004］）。

2.3　有給職員とNPO起業家

　NPOにはボランティアだけでなく，有給で働く者もたくさんいます。有給職員が多いか少ないかは，分野や団体の規模によって左右されます。保健・医療・福祉分野のNPOのように，サービスを売って事業収益を得られるような団体では，より多くの有給職員が雇用されています。また，財政規模との関係は顕著です。有給職員には支払うべき給与が発生しますので，NPOには雇用できる財政力が必要です。

　NPO法人の財政規模別に有給職員（「正規職員」と「非正規職員」）のいる割合をみると（**図表10-4**），年間収入規模が極めて小規模の団体（500万円未満）では有給職員がいる割合が低いのですが，「500～1,000万円」を境に急激に割合が上昇し，「1,000～3,000万円」では「正規職員」「非正規職員」ともに77%，5,000万円以上の団体では9割を超えてきます。一方，有給職員と逆の動きをする活動形態は「無償事務局ボランティア」です。「500～1,000万

円」を境に急激に割合が減少します。同じボランティアでも,「無償その他ボランティア」や「有償ボランティア」に関しては,財政規模が大きくなっても3〜4割を保っています。このように,特に創設時のような小規模団体で中核的に働くボランティアの役割は,財政規模が大きくなると,有給職員が担うようになることがうかがえます。

　NPO は社会問題の解決や社会貢献を目的として設立されますが,立ち上げの中心人物を「NPO 起業家」や「社会起業家」と呼ぶこともあります。NPO の多くは,立ち上げ時には知り合いや仲間で任意団体を作って活動し,軌道に乗ってきた頃に法人格を取得するという流れが一般的のようです。法人格を取

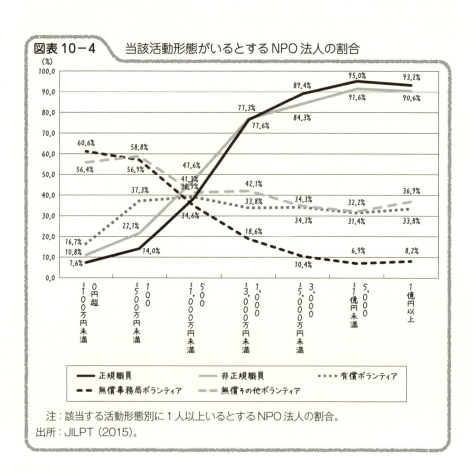

図表 10-4　当該活動形態がいるとする NPO 法人の割合

注：該当する活動形態別に1人以上いるとする NPO 法人の割合。
出所：JILPT（2015）。

ると，組織形態や意思決定の仕組み（ガバナンス）のあり方など，よりフォーマルな組織づくりが求められるようになります。NPO法人として認証される際には理事3人以上と監事1人以上，会員10人以上が必要になります。

「NPO起業家」は，理事長や理事，事務局長など組織の主要な役割に就くことになりますが，NPO法人の場合，多くの役員が無償で関わっています。ここが企業と大きく違うところかもしれません。JILPTの調査からみても，役員で有給の者は，NPO法人1団体あたり平均で0.77人と，1人にも満たない状況です。役員給与も，一般の有給職員とあまり差がありません。NPOは企業のように儲けることが目的ではないので，役員や事務局長であってもそれほど多くの報酬をもらえるわけではないのです。

3　NPOの仕事と賃金

3.1　NPOの仕事

NPOで働く人はどのような仕事をしているのでしょうか。NPOの事業目的は社会問題の解決や社会貢献ですが，仕事内容は企業での仕事とほとんど変わりません。新規事業を立ち上げる時には，企画をして計画を作り予算を組みます。継続事業であっても，予算を作り，年度末に事業報告を作り事業の見直し等を行っていきます。企業と同じように会計や経理といった事務作業が発生します。

図表10-5はNPO法人で活動する人がどのような仕事に携わっているかをみたものです。特徴的なのは，「無償事務局ボランティア」と「正規職員」は，多くの項目で割合が高く，仕事の幅が広いことがわかります。また，事業やプロジェクトの企画，運営，管理をしたり，資金調達，会計などのお金の管理，行政や企業との対外的な連携を担ったりと，組織の中核的な仕事に携わっています。

一方，「非正規職員」は「一般事務」での割合が際立って高く，それ以外の項目は低いことから，主に事務作業を担っていると思われます。「有償ボラン

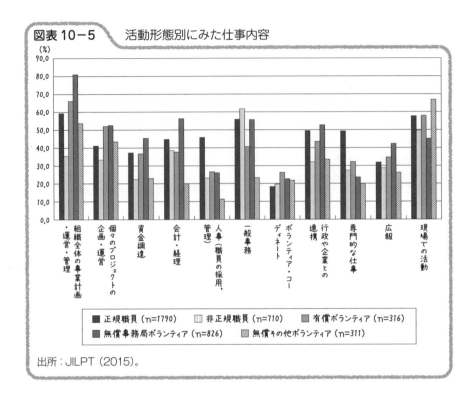

図表10-5　活動形態別にみた仕事内容

出所：JILPT（2015）。

ティア」は，「ボランティア・コーディネート」や「現場での活動」の割合が高く，現場での活動や他のボランティアをまとめる役割を担っていると考えられます。「無償その他ボランティア」は，ボランティアの必要な現場に行って活動を行うことが中心であることがわかります。

3.1.1　ファンドレイザー

　NPOでの仕事の多くは企業と同じですが，企業にない仕事もあります。「ファンドレイジング（資金調達）」はNPOにとっても最も重要な仕事の1つです。当然ですが，お金がないと事業を運営することはできません。企業の場合は財やサービスを売ることでお金を獲得しますが，NPOの事業は，支援することが目的で，お金を拠出する事業であることが多いです。介護事業を行うNPOのようにサービスを売って事業収益によって運営している団体もありま

すが，多くの団体が寄付金や助成金，補助金といった外部資金を獲得して運営しています。この外部資金を獲得してくるのが「ファンドレイザー」という仕事です。

欧米の大きな NPO には必ずファンドレイザーがおり，敏腕のファンドレイザーには一般企業で働くより多くの給与が支払われる場合もあります。日本の NPO にはファンドレイザーと呼ばれる専門職は確立していません。正規職員が担当業務として携わっていることがほとんどです。

仕事内容は，チャリティイベントやコンサートを行って寄付金を募るといったことから，ネット上から1クリックで少額の寄付ができるように工夫したり，クレジットカード会社と提携して買った商品の数％が寄付されるシステムを作ったりと，さまざまな寄付金獲得の工夫をします。また，より高額な外部資金，企業からの寄付や行政の助成金や補助金を獲得することが重要です。パートナーになり得る企業や行政を見つけ，良好な関係を作ることも大切です。助成金や補助金の獲得にはより緻密で魅力的な事業のプロポーザル（企画書）の作成も必要になります。NPO にとって「資金調達」の仕事はお金を稼いでくる，企業での「営業」のような位置づけと考えてもいいかもしれません。

3.2.2　ボランティア・コーディネーター

もう1つ，NPO だからこその仕事が「ボランティア・コーディネーター」です。ボランティア・コーディネーターは，多くのボランティアが参加するようなイベントや支援現場において，どういった活動が必要かを判断してボランティアをマッチングし，仕事の指示・采配を行うリーダー役です。ボランティア・コーディネーターがうまく現場を回せると，ボランティアの力が無駄なく効率的に発揮されます。

ボランティアは労働の対価を目的とせず，善意の心をもって労働力を提供してくれる人々なので，そのマネジメントは企業の労働者のマネジメントとは異なります。企業の場合は労働力と賃金の交換が前提にありますが，ボランティアは賃金の代わりに，人の役に立ったという達成感を満たすことが重要になります。周りからの「ありがとう」という一言や，仲間同士の一体感が，またボ

ランティアしようという気持ちにつながるのです。ボランティア・コーディネーターの仕事は，人を集めて采配するというだけでなく，ボランティアの「心」をつかみ，力を結集させて発揮させるマネジメントの仕事でもあります。

3.2 有給職員の賃金

NPO法人で働く人の賃金はどのくらいなのでしょうか。

図表10-6は，NPO法人の正規職員の年収を示しています。調査では，それぞれの団体の正規職員（あるいは非正規職員）のうち，賃金の「高い人」，「低い人」（2014年調査では「平均的な人」も）の金額を聞いています。2014年の調査では，正規職員の「平均的な人」の年収の平均値は260.4万円で，厚生労働省「賃金構造基本統計調査」の一般労働者の336.4万円に比べると2割

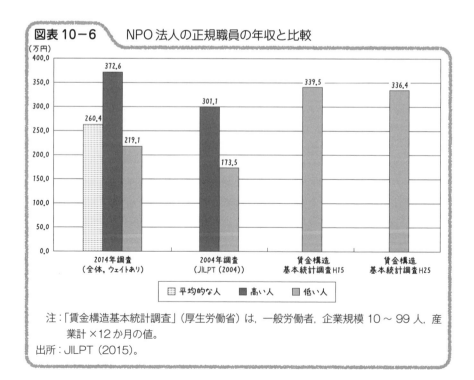

図表10-6 NPO法人の正規職員の年収と比較

注：「賃金構造基本統計調査」（厚生労働省）は，一般労働者，企業規模10〜99人，産業計×12か月の値。
出所：JILPT (2015)。

ほど低くなっています。2004年の調査からの変化をみると,「高い人」も「低い人」も1.2倍くらいになっていて,NPO法人の正規職員の賃金は,横ばいで推移する市場賃金に比べて低いながらも上昇傾向にあるということがわかります。一方,非正規職員の時給は,一般労働市場の賃金とあまり変わりません。2014年のNPO法人で働く「平均的な人」の値は991.9円で,「賃金構造基本統計調査」における全産業平均の1,030円とは40円弱の差に留まっています。

　次に,年齢別の賃金プロファイルをみてみましょう(**図表10-7**)。時間あたり賃金を男女別にみると,男性職員の方が女性よりも賃金が高いことがわかります。男性は年齢とともに上昇傾向にありますが,女性は横ばいといっていいでしょう。計算には正規,非正規職員を含めていますが,最も賃金の高い年齢でも,1時間あたり1,600円程度と,一般の労働市場の正社員と比べて低いといえるでしょう。

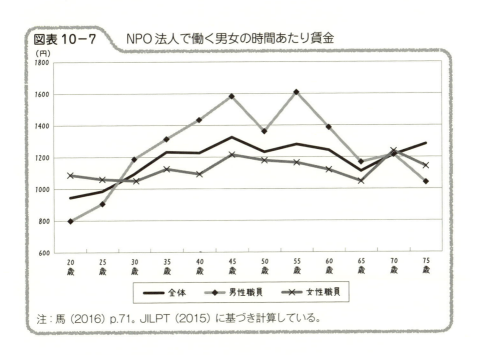

図表10-7　NPO法人で働く男女の時間あたり賃金

注:馬(2016) p.71。JILPT(2015)に基づき計算している。

それでは，男性と女性の賃金差はどの程度なのでしょうか。NPO法人で働く男女間の賃金格差は一般企業に比べて小さいことがわかっています（**図表10-8**）。「賃金構造基本統計調査」から一般労働者の男女の月給をみると，男性は31.37万円，女性は22.70万円で，女性の月給は男性の0.72倍です。一方，NPO法人で働く男女の月給（平均額）は，男性は平均21.17万円，女性は18.48万円と，女性は男性の0.87倍とその差は小さいことがわかります。

このようにNPO法人では男女間の賃金差は小さいのですが，男性の賃金が一般労働市場と比べてかなり低いこともわかります。**図表10-8**をみても，女性では4万円程度の差ですが，男性では10万円以上の差があります。

日本では，家計の主な担い手は男性であるという社会認識が強いこともあり，男性がNPOからの収入だけで結婚後に家族を養っていくことが難しい状況に直面するため，しばしば「男性の寿退社」が起こる状況にあります。このような経済的理由からNPOで働く人は女性に多く，NPOの労働市場は，一般労働市場の「ミラーイメージ」だといわれます。つまり，NPOに女性が多くなるのは，企業が男性中心社会であることの裏返しだということです（山内[2001]）。

図表10-8　NPO法人の男女の賃金格差

（単位＝万円）

	男性	女性	女性／男性
NPO法人の平均月給額（注1）	21.17	18.48	0.87
全産業の平均月給額（注2）	31.37	22.70	0.72

注1) JILPT (2015) 個人調査より集計。
注2)「賃金構造基本統計調査」（厚生労働省H15），一般労働者，企業規模10〜99人，産業計。

4 NPOで人生のキャリアを培う

4.1 NPOで働く人に求められる資質

　阪神淡路大震災が起きた1995年は「ボランティア元年」と呼ばれ，その後NPO法が施行され，この20年の間にNPOという言葉が世の中に定着してきました。「社会の役に立ちたい」という若者も増えてきています。

　内閣府の「社会意識に関する世論調査」をみても，「日ごろ，社会の一員として，何か社会の役に経ちたいと思っている」という回答を2006年と2016年を比べると，20歳代の男性で約16ポイント，女性で約15ポイント高くなっています。先に述べたようにNPOに有給で働いている人も増えてきており，一昔前の無償で自己犠牲を覚悟して社会問題に取り組んできたイメージから，ソーシャルビジネスを手がけるベンチャー企業のような，若者が多く集う団体も増えてきています。とはいえ，先にみたように「組織」としてはまだまだ未熟な面もあります。

　多くのNPOの事業が未熟だということは，NPOは逆に成熟した人材を必要としているということです。NPOの仕事も企業の仕事とあまり変わりはありません。むしろNPOの仕事の方が，企業が採算を取れないような事業に手を出すのですから，その運営の難しさは企業を上回るかもしれません。このようなことからも，NPOで働くことは自分が社会の役に立ちたいと思う強い意思を持ち，同時にNPOが求める技能を持った人材でなければなりません。

　JILPTの2004年と2014年の調査では，NPO法人が必要としている人材について聞いています。団体の規模別にみたものが**図表10-9**です。両方の調査で「専門の知識や経験が豊富な人」の割合が高いことがわかります。2004年調査では「資金集めが得意な人」がどの団体規模でも入っており，団体の財政規模を拡大，安定させるためにファンドレイジングに力を入れていたことがわかります。2014年調査では，「年齢の若い人」がどの団体規模にも入っていることが特徴的です。

図表 10−9　NPO法人の財政規模（年間収入）別にみた必要としている人材

【2004年調査】

	1～999万円	1000～4999万円	5000～9999万円	1億円以上
1位	資金集めが得意な人 (57.8%)	専門の知識や経験が豊富な人 (51.8%)	専門の知識や経験が豊富な人 (62.2%)	資金集めが得意な人 (52.4%)
2位	会計・経理に明るい人 (50.0%)	企画能力に優れている人 (50.0%)	企画能力に優れている人 (同率一位 62.2%)	専門の知識や経験が豊富な人 (47.6%)
3位	企画能力に優れている人 (48.0%)	資金集めが得意な人 (45.3%)	資金集めが得意な人 (45.3%)	年齢の若い人 (42.9%)

出所：JILPT（2004）p.329 付属統計表より作表。

【2014年調査】

	1～999万円	1000～4999万円	5000～9999万円	1億円以上
1位	年齢の若い人 (38.7%)	専門の知識や経験が豊富な人 (43.5%)	専門の知識や経験が豊富な人 (56.3%)	専門の知識や経験が豊富な人 (46.1%)
2位	資金集めが得意な人 (36.0%)	年齢の若い人 (41.7%)	年齢の若い人 (36.3%)	団体運営全般ができる人 (41.3%)
3位	団体運営全般ができる人 (30.9%)	企画能力に優れている人 (33.9%)	団体運営全般ができる人 (36.0%)	年齢の若い人 (39.3%)

出所：JILPT（2015）p.26。

　NPO法が施行されて約20年経ちますが，創設期のNPO起業家達が高齢化し，世代交代の時期に入ってきているといえるでしょう。JILPTの2014年の調査で人材活用上の課題の回答の中で，「後継者探し，後継者育成」の割合が際立って高く，約半数のNPO法人で課題となっており，活動を引き継ぐ若者への期待が高まっているといえるでしょう。

4.2　デュアルキャリア

　日本の大企業のように新卒で採用して，一から社会人としての教育訓練をしてくれるようなNPOはまずないといっていいでしょう。NPOで働きたいと思うのなら，まず企業に入り専門能力や経験を培って転職するというキャリアのルートを歩むことになります。

NPOは，先にも述べましたがいろいろな活動形態で関わることができる組織です。自分の考えや社会に対してやりたいことが合致するNPOを探し，まずボランティアから関わってみることができます。学生であれば，インターンシップ制度を導入しているNPOもあり，そこで経験を積むこともできます。まずはNPOで働くことを体感することが重要です。

「プロボノ」という関わり方もあります。プロボノとは「社会的・公共的な目的のために，自らの職業を通じて培った技能や知識を提供するボランティア活動」のことをいいます（嵯峨［2011］）。一般的なボランティアと違うのは，NPOが必要とする技能をその道の専門職の人が提供するということです。弁護士が社会的弱者の法務相談に乗るとか，経営コンサルタントがNPOの運営戦略を指導するとか，ウェブデザイナーがNPOのホームページを作るといったことがあります。

東日本大震災の被災者が仮設住宅に暮らす際に，住民の生活を見守るシステム（仮設住宅支援員）が各自治体で作られました。このシステムはNPOなどの民間に委託して実施されたのですが，どの自治体も当然ノウハウを持っておらず，非常に苦労してシステムを構築したという背景があります。石巻市の社会福祉協議会では，震災直後からコンサルティング会社の社員がボランティアとして活動し，見守りの巡回システムの方法から教育訓練のプログラムまで構築しました。こういった専門的能力を持った人の協力がなければ，事業運営は果たせなかっただろうといいます（JILPT［2014］）。

また，企業を退職した後にセカンドキャリアとしてNPOで社会貢献に携わりたいと思う人も多いでしょう。多くの企業は定年退職制度がありますが，NPO法人で定年退職制度がある団体は少ないですから，長く働き続けることができます。しかし，定年退職してから活動するNPOを探すのでは少し遅いかもしれません。これまでの研究からは，65歳の時にNPOで有給職員として働いたり，団体の中心的な存在として活動したいと考えるのであれば，定年後からではなく50歳代からNPO活動に関わっていく必要があるようです（JILPT［2012］，梶谷［2016］）。働きながら，NPOで長時間活動するのは時間的制約があって難しいかもしれませんが，少しずつでも活動に関わっていく

ことが豊かな老後につながるのかもしれません。

　企業で働きながら，NPO でも活動する。「二足のわらじ」を履くことで，いろいろな関係やつながりが増え，キャリアの選択肢がみえてきます。社会や人のために始めた活動を通じて自分自身の人生経験が豊かになる，というのがこの仕事の魅力かもしれません。NPO は多様な人材が多様な働き方で，活躍することができるフィールドだといえるでしょう。

参考文献

大内伸哉［2004］「業務委託契約および NPO での就業に関する労働法上の問題」，JILPT［2004］に所収。

小野晶子［2005］『「有償ボランティア」という働き方―その考え方と実態―』労働政策レポート Vol.3，労働政策研究・研修機構。

―――［2006］「有償ボランティアの働き方と意識」，『NPO の有給職員とボランティア―その働き方と意識』労働政策研究報告書 No.60，労働政策研究・研修機構。

梶谷真也［2016］「高齢者の NPO 活動開始年齢と活動への関与度」（第 6 章），JILPT［2016］に所収。

小堂敏郎［2012］『NPO 法人で働く』ぺりかん社。

嵯峨生馬［2011］『プロボノ―新しい社会貢献，新しい働き方―』勁草書房。

馬欣欣［2016］「NPO 法人職員の賃金構造およびその満足度，活動継続意欲に及ぼす影響」（第 4 章），JILPT［2016］に所収。

内閣府経済社会総合研究所国民経済計算部編［2007］「非営利サテライト勘定に関する調査研究」『季刊国民経済計算』No.135。

山内直人［2001］「ジェンダーからみた非営利労働市場―主婦はなぜ NPO を目指すか？―」『日本労働研究雑誌』No.493，pp.30-41。

―――［2016］「NPO 法人の労働市場：規模と構造の推計」（第 2 章），JILPT［2016］に所収。

労働政策研究・研修機構（JILPT）［2004］『就業形態の多様化と社会労働政策―個人業務委託と NPO 就業を中心として―』労働政策研究報告書 No.12，労働政策研究・研修機構。

―――［2012］『高齢者の社会貢献活動に関する研究―定量的分析と定性的分析から―』労働政策研究報告書 No.142，労働政策研究・研修機構。

―――［2014］『復旧・復興期の被災者雇用―緊急雇用創出事業が果たした役割

を「キャッシュ・フォー・ワーク」の視点からみる―』労働政策研究報告書 No.169，労働政策研究・研修機構。
―――――［2015］『NPO 法人の活動と働き方に関する調査（団体調査・個人調査）―東日本大震災復興支援活動も視野に入れて―』，JILPT 調査シリーズ No.139，労働政策研究・研修機構。
―――――［2016］『NPO の就労に関する研究―恒常的成長と震災を機とした変化を捉える―』労働政策研究報告書 No.183，労働政策研究・研修機構。
Anheier, H. K., Hollerweger, E., Badelt, C. and Kendall, J.［2003］*Work in the Non-Profit Sector: Forms, Patterns and methodologies*, ILO.
Salamon, L. M. and Anheier, H. K.［1994］, *The Emerging Sector*, Johns Hopkins University（今田忠監訳（1996）『台頭する非営利セクター』ダイヤモンド社。
Salamon, M. L., Sokolowski, S. W., Haddock, M. A. and Tice, H. S.［2013］, *The State of Global Civil Society and Volunteering: Latest findings from the implementation of the UN Nonprofit Handbook*, Johns Hopkins University, Center for Civil Society Studies.

> エピローグ

これからの職業構造はどう変わる
―― AI・ロボット・少子高齢化 ――

1　技術と仕事で必要とされる知識や技能の関係

　これまでの章で，それぞれの職業に就いている人々の仕事内容や仕事を進めるうえで必要となる知識や技能などが見えてきたと思います。しかし，現在の職業に必要な知識や技能は，過去あるいは将来においても同じものだとは限りません。それは，仕事をするうえで必要となる知識や技能が，時代とともに変化するためです。

　例えばバスの運転手の場合，以前であれば変速機（ギア）を手動で操作するという技能が必須でした。特に路線バスの運転では，立っている乗客もいるので，その操作をかなり慎重に行う必要があります。操作を間違えば急発進してしまい，乗客にけがを負わせてしまうかもしれないからです。このため，バスの運転は，例えば同じ大型車であるトラックの運転よりも，慎重な変速機操作を心掛けなければなりません。

　しかし，今では自動変速機を搭載するバスが増えてきました。変速機を操作するという技能がなくても，バスを運転することができるようになったのです。以前は必要不可欠だった慎重な変速機操作を身につけるというバス運転手の努力も，いずれは不要になるかもしれません。そして，自動変速機が基本となる時代がくれば，変速機操作ができなくとも免許取得が可能になるかもしれません。

　このように，仕事で利用する機械によって職業に必要な知識や技能が変化するということです。新しい技術が導入されると一部の知識や技能が必要なくなるし，場合によっては職業自体がなくなる場合もあります。その一方で，新しい技術が導入されることで，新たに必要となる知識や技能も出てきます。

例えば，航空機の操縦士がそうです。日本では2009年がその最後となったのですが，操縦を主にする機長や副操縦士とは別に，エンジンや燃料系統，空調装置，電気系統の監視や操作を行う航空機関士が必要な飛行機が，数多く飛んでいました。ところが，1981年に操縦の自動化が進んだ航空機（ボーイング767）が登場すると，機長と副操縦士の2人だけでも航空機の運航が可能となりました。航空機関士の知識や技能を，航空機に搭載されるコンピュータにプログラミングしたからです。こうしたハイテク飛行機が主流になるにつれて航空機関士の数は少なくなり，2009年にはとうとう姿を消したのです。他方，機長や副操縦士に必要とされる知識や技能は大きく変化しました。それまでは航空機の操縦に重きがあった機長たちの知識や技能が，操縦の自動化が進むことでコンピュータ操作に重きが置かれるようになったのです。

このように，機械や技術の進化は，仕事に必要とされる知識や技能を変化させ，ときには仕事そのものをなくしてしまいます。いま，AI（人工知能）やロボットが導入されると仕事はどうなるのかが議論されています。これからの職業構造を考えるうえでは，AIやロボットの影響を避けて考察することはできません。

ただし，未来は不確実です。AIやロボットが職業に影響することは間違いないとしても，具体的にどの職業にどのような影響を与えるのかということまでは，現段階ではよくわかっていないのです。そこで，これからの職業構造の変化の方向性について考えてみたいと思います。これを考える際にヒントになるのは，これまで我々が経験してきた技術革新とその影響です。これまでの技術革新の影響を見て，そのメカニズムがどのようなものなのかを検証していけば，これからの技術革新の職業構造への影響をある程度は見定めることができると考えるからです。そこで，まず技術革新の影響が大きかった職業を次の節で取り上げてみたいと思います。

2　農林漁業作業者の技術革新による影響

第二次大戦後，技術革新の影響を受けた職業の一つが農林漁業作業者です。

総務省統計局「国勢調査」によると，1950年当時の農林漁業作業者の数は1519万人でした。ところが，2015年になるとその数は224万人となっています。日本の農林漁業作業者は65年間で7分の1にも減少したのです。
　では，なぜ農林漁業作業者が減少したのでしょうか。技術革新の影響があったのは間違いないのですが，具体的には技術革新がどのように農林漁業作業者の減少につながったのでしょうか。
　これを考えるために，図を用意しました（**図表1**）。この図には，農林漁業の就業者数と産出額，そして就業者数1人あたり産出額の推移が描かれています。それぞれの1970年時点の数値を1として，それ以降の推移を見たものです。この図で，もし1よりも大きな値であれば1970年よりもそれが増加していることを意味し，逆に1よりも小さな値であればそれが減少していることを意味します。なお，この図の数値は内閣府「国民経済計算」を用いて計算し，

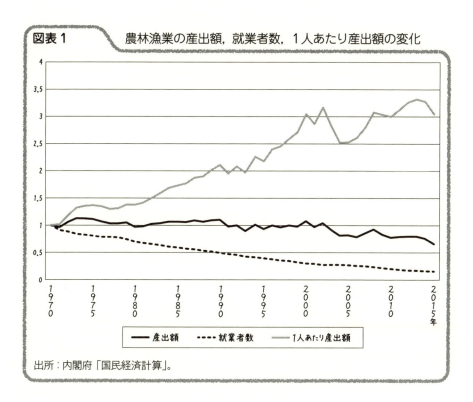

図表1　農林漁業の産出額，就業者数，1人あたり産出額の変化

出所：内閣府「国民経済計算」。

物価変動の影響を取り除くために実質産出額を用いました。

　農林漁業の実質の産出額は、2000年以降に1を下回る傾向にはありますが、ほぼ1付近を動いています。つまり、1970年から農林漁業の産出額はほとんど変化がなかったということになります。他方、上でも指摘しましたが、就業者数は1970年以降も一貫して減少しており、2015年には1970年の約4分の1となっています。

　産出額が大きく変化しない一方で、大きく変化したものがあります。それは、就業者1人あたり産出額、いわゆる労働生産性です。**図表1**でみるとわかるように、就業者1人あたり産出額は1970年以降一貫して上昇しています。2015年の就業者1人あたり産出額は1970年当時の約3.1倍になっており、それだけ労働生産性は上昇しています。

　日本の農林漁業で就業者数が減ったのは、産出額がほとんど変化しなかった中で、就業者1人あたり産出額が増加し、労働生産性が上昇したからなのです。このことは、次のような式を考えると明らかです。

$$産出額 = \frac{産出額}{就業者数} \times 就業者数 = 労働生産性 \times 就業者数$$

　上の式で、産出額が一定で、労働生産性が上昇するならば、就業者数は減少しなければならないからです。

　農林漁業で労働生産性が上昇したのは、主に機械化などの技術革新によるものです。例えば、農業では田植機やコンバインなどの農業用機械を利用するようになりました。その結果、家族総出で行われていた田植えや稲刈りが、数人の作業者で行われるようになりました。農林水産省の資料によると、販売目的で稲作をしている農家では、一家に1台はトラクターを所有し、田植機は平均0.8台、コンバインは平均0.6台を所有しているということです（農林水産省「農業機械をめぐる現状と対策」（2013年11月））。さらに農業では、化学肥料を利用した事による単位面積あたりの増産効果も労働生産性の上昇に影響しています。林業や漁業でも機械化は進んでおり、それぞれ労働生産性は高まっています。

3　職業構造の変化に影響する要因

　本節では,就業者数に技術革新がどう関係するかについて,理論的に整理したいと思います。技術革新は,第2節でみたように,労働生産性を高めることを通じて就業者数に影響しました。また,農林漁業の場合には,産出額にほとんど変化がなかったので,結果として就業者数は減少していました。こうした関係を以下で整理してみましょう。なお,以下では就業者という言葉を労働者という言葉に置き換えます。就業者は仕事に就いている人の意味で,労働者は企業に労働サービスを提供して賃金を得ている人の意味です。両者は厳密には違う意味ですが,経済学では主に労働者の方を用いることが多いので,ここでもそれに従います。

　まず,労働者数に影響する要因を考えるうえで,企業がどのように財やサービスを生産(産出)しているかを考えておく必要があります。企業は,財やサービスを生産するために,(1)店舗や工場,そして店舗や工場で使う機械や道具,(2)働いてくれる労働者,そして(3)生産に必要な原材料,それぞれを準備します。経済学では(1)を資本,(2)を労働,(3)を中間財と呼んでいます。ただし,労働者数には直接的な影響を与えることは少ない中間財については,ここでは考えないことにします。企業が資本や労働,中間財を利用するためには,それぞれにその対価を支払う必要があります。資本に支払う対価を資本コスト,労働に支払う対価を労働コストと呼びます。

　こうして企業は資本と労働を準備したら,それぞれのコストを支払い,財やサービスを生産します。生産された財やサービスにその価格を掛け算すれば,企業の売上となります。売上から資本と労働のコストを引き算すると,企業の利益になります。

　このとき,労働者数に影響する要因を大きく分けると,次の3つになります。一つは生産される財やサービスに対する(消費)需要の大きさ,もう一つは資本と労働の相対コスト,最後に財やサービスを生産するのに用いられる生産技術です。

3.1 財やサービスの需要の影響

まず，財やサービスに対する需要が変化したときの効果を考えましょう。他の条件が変化しないならば，財やサービスの需要が増大（減少）すれば，それに合わせて企業の生産量も増大（減少）しますから，労働者数は増大（減少）することになります。厳密には，財やサービスに対する需要が変化すると，まず財やサービスの価格が変化し，それによって企業の利益水準が変わり，生産量に変化がもたらされ，それで労働者数は変化することになります。詳しくはミクロ経済学の教科書を勉強してください。いずれにしても，財やサービスに対する需要が変化すれば，労働者数も変化します。

これを職業に当てはめると，ある職業が作っていた財やサービスへの需要が大きく（小さく）なれば，その職業に就ける人数は増える（減る）ことになります。例えば，以前は日本でも石炭を採掘していましたが，今では石炭を採掘する炭鉱夫はほとんどいなくなりました。国内炭への需要がなくなったからです。また，この一方で，医師や看護師，医療技術者，あるいは介護サービス職業従事者が増加していますが，これは日本社会の高齢化によって医療や介護への需要が増大しているからです。

3.2 資本と労働の相対コストの影響

資本と労働の相対コストも労働者数に影響します。資本と労働の相対コストとは，資本コストと労働コストとの比率です。企業は同じ質で同じ量の財やサービスを生産するなら，できるだけ安いコストで生産しようとします。

例えば，ある地下トンネルを掘る土木工事があったとしましょう。トンネルを掘るのには，労働者（ダム・トンネル掘削従事者）がスコップだけを使って掘ることもできるし，最新のシールドマシン（シールド工法で用いられる掘削機）を使って掘ることもできます。この場合に企業は，労働者がスコップだけで掘る場合と，シールドマシンを使って掘る場合とで，コストがどれだけ違う

かを比較するのです。

　仮に労働者の賃金が安く，労働者コストが相対的に低ければ，スコップで掘る方法を企業は選ぶことになります。しかし，シールドマシンを利用した時の資本コストが相対的に低ければ，シールド工法を企業は選ぶことになります。この結果，労働者の人数に影響することになります。第二次世界大戦後の日本は，経済成長によって労働者の賃金は実質的に上がりました。戦後直後に比べて平均的に豊かな暮らしを私たちは送れるようになりました。その一方で，賃金の上昇は労働コストの相対的な上昇につながったため，より資本，つまり機械や機器が生産過程で用いられるようになっています。

3.3　生産技術の影響

　最後に，財やサービスを生産するのに用いられる生産技術が労働者数にどう影響するかを見てみましょう。生産技術は，同じ質で同じ量の財やサービスを生産するために，どれだけの労働者とどれだけの資本を利用するかを決めています。3.2項で例としたトンネルの場合は，スコップだけを使う生産技術とシールド工法という最新の生産技術を比較したものです。同じ規模のトンネルを掘るのに，スコップという生産技術を用いることになれば，スコップと多くの労働者が作業することになります。が，シールド工法の場合には，シールドマシンと少ない労働者という組み合わせで作業することになります。

　掘削の機械が開発されていない時代には，トンネルはスコップだけで掘られていました。そのために多くの労働者が雇われていました。しかし，トンネルを掘る機械が開発され，新しい掘削工法が発明されると，機械が多く用いられるようになり，雇われる労働者は減少します。新しい技術が開発されて，労働者の人数に影響したのです。

　ただし，ここで注意しておかなければならないことは，新しい技術が労働者の人数だけでなく，労働者の仕事内容にも影響している点です。スコップを使う労働者とシールドマシンを使う労働者とでは仕事内容が違うのです。前者は主に肉体労働ですが，後者はマシンの操作や管理が中心です。用いられる技術

によって，仕事内容が異なり，求められる労働者像が異なるのです。これまでの研究では，新しい技術の登場によって，ある種の労働者は減少する一方で，ある種の労働者は増加することが知られるようになりました。シールド工法が登場して，スコップを使う労働者は減少し，シールドマシンを扱える労働者は増加したのです。新しい技術の登場で，労働者の雇用が減るような技術代替的労働需要が生じる一方で，ある種の労働者の雇用が増える技術補完的労働需要が生じているのです。

3.4 生産技術の需要喚起による効果

生産技術の労働者数に与える影響に関して，もう1点だけ注意があります。それは，新しい生産技術の導入によって生産性が高まることで，財やサービスの需要が拡大し，雇われる労働者が増える可能性があるということです。

例えばファミリーレストランについて考えてみましょう。今では街中にファミリーレストランをいくつも見かけるようになりましたが，これが登場したのは1970年代初めだそうです。ファミリーレストランは，それまでの個人経営の食堂やレストランと違って，どの店でも同一メニューが提供されるチェーン店（あるいはフランチャイズ店）であること，店で提供する料理の調理や下ごしらえを集中調理施設（セントラルキッチン）で行っていること，が特徴です。

ファミリーレストランでは，美味しい料理が比較的低価格で提供されていますが，それに大きく貢献しているのが集中調理施設です。集中調理施設で調理あるいは調理の下ごしらえが大量に均一にできることによって，調理のコストダウンにつながっています。こうした集中調理施設での低コスト調理が可能になったのは，冷蔵冷凍技術や電子レンジやオーブンなどの調理機器など，生産技術の進歩によるものです。

ところで，1970年当時の国勢調査によれば，調理人は104万人，給仕人が60万人でした。これはファミリーレストランだけでなく，食堂やレストラン全体を合わせた人数です。では2015年になるとそれぞれどうなったかというと，調理人が187万人，給仕人が159万人となっています。つまりこの45年

間で，調理人は1.7倍に増加したのに対して，給仕人は2.7倍に増加したのです。

　調理人よりも給仕人が増加したのは，レストランの生産技術の進歩と関係します。集中調理施設という生産技術の導入によって，調理人はあまり増えなかったのですが，生産性は高まりました。この結果，メニューを低コストで提供できるようになり，ファミリーレストランへの需要が増えました。すると，ファミリーレストランの店舗が増えたり，規模が拡大したりして，給仕人がより雇われるようになったわけです。業務用調理機器の技術進歩で集中調理施設の生産性は向上しているのですが，店舗での給仕はまだまだ人手によって行われているからです。

　このように，ファミリーレストランでは，集中調理施設の調理機器によって調理人は技術代替される傾向にある一方，店舗での給仕は調理機器と技術補完する関係にあるようです。とはいえ，調理人が減少せずにむしろ増加したのも，集中調理施設による生産性の向上によって調理コストが下がり，ファミリーレストランへの需要が高まったからです。

4　これから職業構造はどう変わる

　では，これからの職業構造はどうなるのでしょうか。AIやロボットなど，新しい技術がどう影響するのか，気になります。

　本章の冒頭で触れたように，将来のことを確実に言い当てることは困難なのですが，少なくとも方向性は見えます。

　第1に，AIやロボットの登場によって，代替される仕事があるということです。例えば，カメラや各種のセンサーが発達したことで，店舗内外の警備をロボットができるようになるかもしれません。そうすると，場合によっては警備員という仕事はなくなるかもしれません。

　第2に，AIやロボットを補完する仕事があるということです。例えば，ロボットで店舗内外の警備が可能になったとしても，それらを管理する仕事が新たに必要となるかもしれません。ロボットが故障した場合に修理したり，ロ

ボットのアプリケーションを更新したり，新たな仕事ができると考えられます。

　第3に，AIやロボットの登場によって，需要が増加する財やサービスが出てくるかもしれません。例えば，警備ロボットの導入で警備コストが削減されれば，その分だけ財やサービスの販売価格が安くなるかもしれません。そうすると，新たに雇われる人が増えるかもしれません。

　これらの影響がどれだけ強いのかは，技術代替や技術補完の効果がどれだけ大きいのか，そして需要がどれだけ生まれるかということによります。例えば，技術代替の影響が大きい職業では働く人が減る可能性は高いと考えられるのですが，生産性が上がって財・サービスへの需要がより増えれば，そうした職業でも人数はむしろ増える可能性もあるのです。上で挙げた3つの要因それぞれの影響がどれだけ大きくなるかによって，働く人が減る職業が出てくることもあるだろうし，逆に人数が増える職業も出てくるだろうということなのです。

　ただし，日本社会は少子高齢化の影響で，これから労働力人口が減少していくと考えられます。むしろ労働力人口を補うためにも，AIやロボットなどの新しい技術を取り入れていく必要があります。AIやロボットの登場で仕事がなくなると警鐘されていますが，労働力不足を日本社会が乗り越えるには新しい技術をむしろ歓迎すべきかもしれません。

　とはいえ，新しい技術の登場で，これまでとは違う職業や仕事が増えるかもしれないということです。そして，これからの技術革新のスピードが速ければ，職業や仕事がどんどん変わっていくかもしれません。もし技術革新のスピードが速くなるなら，私たちはそれに対応するために，知識や技能をどんどんバージョンアップしていかなければならなくなるかもしれません。そのためにも，「学ぶ力」（自分自身で学習し，定着させる能力）をいまから身につける必要があるでしょう。

索引

◆ 英数

AI（人工知能）・・・・・・・・・・・・・95, 100, 224
EMS・・・・・・・・・・・・・・・・・・・・・・・・・・・・50
FinTech（フィンテック）・・・・・・・・・100
ICT・・・・・・・・・・・・・・・・・・・・・・・・・・・・87
IT 技術者・・・・・・・・・・・・・・・・86, 87, 100
NPO（Non-Profit Organization：非営利組織）
・・・・・・・・・・・・・・・・・・・・・・・・・・・・・202
NPO 起業家・・・・・・・・・・・・・・・209, 210
Off-JT（Off-the-Job Training）・・・55, 56, 114
OJT（On-the-Job Training）・・・55, 111, 114
SBTC・・・・・・・・・・・・・・・・・・・・・・・・・・97
3C・・・・・・・・・・・・・・・・・・・・・・・・・・・・50

◆ あ行

後払い賃金仮説・・・・・・・・・・・・・・・・・・42
天下り・・・・・・・・・・・・・・・・・・・・191, 198
一般職・・・・・・・・・・・・・・・・・・・・・・・・・33
異動・・・・・・・・・・・・・・・・・・・・・・・・・・・36
インバウンド・・・・・・・・・・・・・・121, 130
運航管理者・・・・・・・・・・・・・・・・・・・・・75
運転士の仕事・・・・・・・・・・・・・・・・・・・70
営利法人（株式会社）・・・・・・・・・・・166
おもてなし・・・・・・・・・120, 121, 133, 134

◆ か行

介護サービス施設・事業所調査・・・・・・・165
介護職員・・・・・・・・・・・・・・・・・・・・・163
介護職員処遇改善加算・・・・・・・・・・・170
介護職員初任者研修・・・・・・・161, 163, 164
介護福祉士・・・・・・・・・・・・・・・・161, 163
介護保険制度・・・・・・・・・・・・・・・・・・159
介護老人福祉施設（特別養護老人ホーム）
・・・・・・・・・・・・・・・・・・・・・・・・・・・・・165
介護労働実態調査・・・・・・・・・・・・・・・164
介護ロボット・・・・・・・・・・・・・・・・・・174
貸切バス・・・・・・・・・・・・・・・・・・・・・・73
学校教員の労働市場・・・・・・・・・・・・・144
金型工・・・・・・・・・・・・・・・・・・・・・・・・49
管理監督者・・・・・・・・・・・・・・・・・・・・・36
機械化・・・・・・・・・・・・・・・・・・・・・・・226
技術革新・・・・・・・・・・・・・・・86, 95, 225
技術代替的労働需要・・・・・・・・・・・・・230
技術補完的労働需要・・・・・・・・・・・・・230
規制緩和・・・・・・・・・・・・・・・・・・・・・・70
機長・・・・・・・・・・・・・・・・・・・・・・・・・・75
技能工・・・・・・・・・・・・・・・・・・・・・・・・48
技能や知識の蓄積・・・・・・・・・・・・・・・77
きまって支給する現金給与額・・・・・・・75
客室乗務員・・・・・・・・・・・・・・・・・・・・・75
キャリア・・・・・・・・・・・・・・・・・186, 189
キャリアの形成・・・・・・・・・21, 23, 111
キャリアパス・・・・・・・・・・・・・・・・・・117
給与制度・・・・・・・・・・・・・・・・・・・・・・82
教育の生産関数・・・・・・・・・・・・・・・・147
教育や訓練・・・・・・・・・・・・・・・・・・・・79
教員供給（教員の労働供給）・・・140, 144
教員市場・・・・・・・・・・・・・・・・・・・・・140
教員需要（教員の労働需要）・・・140, 144
行政改革・・・・・・・・・・・・・・・・・181, 183
組立工・・・・・・・・・・・・・・・・・・・・・・・・48
グローバル化・・・・・・・・・・・・・・・・・・・19
ケアプラン・・・・・・・・・・・・・・・・・・・163
研究・開発部門・・・・・・・・・・・・・・・・・60
研修・・・・・・・・・・・・・・・・・・・・・・・54, 58
兼務教員・・・・・・・・・・・・・・・・・・・・・141
公共交通機関・・・・・・・・・・・・・・・・・・70

公共部門・・・・・・・・・・・・・・・・・・・・・・・・・180
航空機関士・・・・・・・・・・・・・・・・・・・・・・・224
高度経済成長・・・・・・・・・・・・・・・・・・19, 21
顧客接点の最前線・・・・・・・・・・・・・・・・113
国公準拠・・・・・・・・・・・・・・・・・・・・・・・・・195
国勢調査・・・・・・・・・・・・・・・・71, 87, 89, 106
雇用者・・・・・・・・・・・・・・・・・・・・・・・・・・・・28
雇用創出率・・・・・・・・・・・・・・・・・・・・・・・173
雇用動向調査・・・・・・・・・・・・・・・・・・・・・168
コンビニエンス・ストア（コンビニ）・・・104

◆ さ行

サービス化・・・・・・・・・・・・・・・・・・・・・・・・19
サービス経済化・・・・・・・・・・・・・・120, 129
三種の神器・・・・・・・・・・・・・・・・・・・・・・・・50
シールド工法・・・・・・・・・・・・・・・・・・・・・229
シールドマシン・・・・・・・・・・・・・・228, 229
ジェネラリスト・・・・・・・・・・・・・・・192, 194
自動変速機・・・・・・・・・・・・・・・・・・・・・・・223
シフト・・・・・・・・・・・・・・・・・・・・・・・・・・・111
資本と労働の相対コスト・・・・・・・・・・・228
社会資本・・・・・・・・・・・・・・・・・・・・181, 185
社会福祉法人・・・・・・・・・・・・・・・・・・・・・166
社会保険・・・・・・・・・・・・・・・・・・・・・・・・・158
就業構造基本調査・・・・・・・・・・・・・・・・・107
集中調理施設（セントラルキッチン）・・・230
昇格・・・・・・・・・・・・・・・・・・・・・・・・・・・・・・82
少子高齢化・・・・・・・・・・・・・・・・・・162, 232
情報通信技術（information and communication technology：ICT）
・・・・・・・・・20, 87, 89, 95, 96, 97, 98, 99, 100
情報の非対称性・・・・・・・・・・・・・・122, 160
職種・・・・・・・・・・・・・・・・・・・・・・・・・・・・・・30
所得効果・・・・・・・・・・・・・・・・・・・・・・・・・・92
初任配属・・・・・・・・・・・・・・・・・・・・・・・・・・32
ジョブ・ローテーション・・・・・143, 189, 197
人材育成・・・・・・・・・・・・・・・・・・・・・・・・・・58
人材育成部門・・・・・・・・・・・・・・・・・・・・・・54

人事評価・・・・・・・・・・・・・・・・・・・・・・・・・・39
人的資本・・・・・・・・・・・・・・・・・・・・・22, 140
人的資本理論・・・・・・・・・・・・・・・・・・41, 77
スーパーマーケット（スーパー）・・・・・104
スキル偏向的技術進歩(skill-biased technological change：SBTC)・・・・・・・・・・・・・・・・・97
スコップ・・・・・・・・・・・・・・・・・・・・・・・・・229
スペシャリスト・・・・・・・・・・・・・・・187, 192
生産技術・・・・・・・・・・・・・・・・・・・・・・・・・229
生産性向上・・・・・・・・・・・・・・・・・・133, 134
生産と消費の同時性・・・・・・・・・・・・・・・122
製造業・・・・・・・・・・・・・・・・・・・・・・・・・・・・48
製品組立職・・・・・・・・・・・・・・・・・・・・・・・・56
セカンドキャリア・・・・・・・・・・・・・・・・・219
旋盤工・・・・・・・・・・・・・・・・・・・・・・・・・・・・49
総合職・・・・・・・・・・・・・・・・・・・・・・・・・・・・33
操縦の自動化・・・・・・・・・・・・・・・・・・・・・224
総務・人事・労務職・・・・・・・・・・・・・・・・61
措置制度・・・・・・・・・・・・・・・・・・・・159, 166

◆ た行

大規模小売店舗法・・・・・・・・・・・・・・・・・104
代替効果・・・・・・・・・・・・・・・・92, 93, 95, 97, 98
知財・・・・・・・・・・・・・・・・・・・・・・・・・・・・・・52
賃金格差・・・・・・・・・・・・・・・・・・・・・・・・・216
賃金構造・・・・・・・・・・・・・・・・・・・・・・・・・194
賃金構造基本統計調査
・・・・・・・・・・・・・・75, 89, 90, 95, 96, 169
賃金プロファイル・・・・21, 40, 75, 77, 153, 196
鉄道事業法の改正・・・・・・・・・・・・・・・・・・70
デュアルキャリア・・・・・・・・・・・・・・・・・218
点呼・・・・・・・・・・・・・・・・・・・・・・・・・・・・・・74
電子機器受託生産（EMS）・・・・・・・・・・・50
道路運送法の改正・・・・・・・・・・・・・・・・・・70
特定非営利活動法人（NPO法人）・・・・・202
塗装工・・・・・・・・・・・・・・・・・・・・・・・・・・・・49

◆ な行

内部労働市場型人材マネジメント……64
日本標準職業分類…………17, 105, 167
農林漁業作業者………………225

◆ は行

パート戦力化………………112
非金銭的便益………………150
非正規社員化………………113
非正規労働……………124, 133
人手不足………………121, 133
百貨店………………104, 105
評価制度………………82
平場（ひらば）………………109
ファミリーレストラン………………230
ファンドレイジング（賃金調達）……212
付加価値………………204
副操縦士………………75
ブラザー＆シスター制度………59, 60
ブルーカラー………………21
プレス工………………49
プロボノ………………219
豊富な商品知識………………109
訪問介護員（ホームヘルパー）……161, 163
訪問介護事業所………………163
ボランティア………………203

ボランティア・コーディネーター……213
ホワイトカラー………………21

◆ ま行

民間準拠………………195
無償ボランティア………………206
メッキ工………………49

◆ や行

有給職員………………203
有償ボランティア………………206
要介護認定者………………162
溶接工………………49

◆ ら行

離職率………………167
レベルの高い接客………………109
労働者性………………208, 209
労働生産性………………226
老老介護………………162, 175
路線バス………………73
ロボット………………224

◆ わ行

ワーク・ライフ・バランス………………133
ワンストップ型生活インフラ………………111

執筆者紹介・執筆分担

阿部正浩（あべ　まさひろ）　　　　　　　　　　第3章，エピローグ
　編著者紹介参照。

菅　万理（かん　まり）　　　　　　　　　　　　第8章，コラム①・⑤
　編著者紹介参照。

勇上和史（ゆうがみ　かずふみ）　　　　　　　　プロローグ，第9章
　編著者紹介参照。

井川静恵（いがわ　しずえ）　　　　　　　　　　第1章，コラム②
　帝塚山大学経済学部准教授。

鬼丸朋子（おにまる　ともこ）　　　　　　　　　第2章，コラム③
　中央大学経済学部教授。

安田宏樹（やすだ　ひろき）　　　　　　　　　　第4章
　東京経済大学経済学部准教授。

平田未緒（ひらた　みお）　　　　　　　　　　　第5章
　株式会社働きかた研究所代表取締役。

長町理恵子（ながまち　りえこ）　　　　　　　　第6章
　追手門学院大学経済学部准教授。

佐野晋平（さの　しんぺい）　　　　　　　　　　第7章
　千葉大学大学院社会科学研究院准教授。

小野晶子（おの　あきこ）　　　　　　　　　　　第10章
　独立行政法人労働政策研究・研修機構主任研究員。

大島朋剛（おおしま　ともたか）　　　　　　　　コラム④
　兵庫県立大学経済学部准教授。

檜　康子（ひのき　やすこ）　　　　　　　　　　用語解説
　大阪国際大学グローバルビジネス学部准教授。

> 編著者紹介

阿部正浩（あべ　まさひろ）

中央大学経済学部教授。

慶應義塾大学大学院商学研究科博士課程単位取得退学。博士（商学）。（財）電力中央研究所，一橋大学経済研究所，獨協大学経済学部を経て，2013年より現職。厚生労働省「労働政策審議会」委員，厚生労働省「政策評価に関する有識者会議」委員，厚生労働省「雇用政策研究会」委員，内閣府「仕事と生活の調和連携推進・評価部会」委員などを歴任。主な著書として，『日本経済の環境変化と労働市場』（東洋経済新報社，第49回日経・経済図書文化賞および第29回労働関係図書優秀賞を受賞）などがある。

菅　万理（かん　まり）

兵庫県立大学経済学部教授。

神戸大学法学部卒業後，企業勤務を経てミシガン大学公共政策大学院，同学経済学研究科修士課程修了。Master of Public Policy 及び MA（応用経済学）。大阪大学大学院国際公共政策研究科博士後期課程修了。博士（国際公共政策）。ミシガン大学社会調査研究所，東京都老人総合研究所（現東京都健康長寿医療センター研究所），神戸大学大学院経済学研究科，東京大学社会科学研究所，兵庫県立大学准教授を経て，2017年より現職。主な論文として，「日本の高齢者の健康格差に関する計量分析―老人保健制度の効果に注目して―」『医療経済研究』Vol.20（2），2009などがある。

勇上和史（ゆうがみ　かずふみ）

神戸大学大学院経済学研究科准教授。

大阪大学大学院経済学研究科博士課程後期単位修得退学。博士（経済学）。日本労働研究機構（現，労働政策研究・研修機構）研究員を経て，2007年より現職。主な著書（分担執筆）として，『有期労働契約の法理と政策―法と経済・比較法の知見を活かして』（弘文堂），『セオリー＆プラクティス　経済政策』（有斐閣），『日本の労働市場』（有斐閣）などがある。

職業の経済学

| 2017年10月5日 | 第1版第1刷発行 |
| 2018年2月10日 | 第1版第4刷発行 |

編著者　阿　部　正　浩
　　　　菅　　　万　理
　　　　勇　上　和　史
発行者　山　本　　　継
発行所　㈱中央経済社
発売元　㈱中央経済グループ
　　　　パブリッシング

〒101-0051　東京都千代田区神田神保町1-31-2
電話　03 (3293) 3371 (編集代表)
　　　03 (3293) 3381 (営業代表)
http://www.chuokeizai.co.jp/
印刷／文唱堂印刷㈱
製本／㈲井上製本所

©2017
Printed in Japan

※頁の「欠落」や「順序違い」などがありましたらお取り替えいたしますので発売元までご送付ください。(送料小社負担)
ISBN978-4-502-23821-5　C3033

JCOPY〈出版者著作権管理機構委託出版物〉本書を無断で複写複製(コピー)することは、著作権法上の例外を除き、禁じられています。本書をコピーされる場合は事前に出版者著作権管理機構(JCOPY)の許諾を受けてください。
JCOPY〈http://www.jcopy.or.jp　eメール：info@jcopy.or.jp　電話：03-3513-6969〉